de Belderbusch, d'après Barbier,

ADOLPHE ET CAROLINE,

OU

LE DANGER DES DIVISIONS POLITIQUES

DANS L'INTÉRIEUR DES FAMILLES.

IMPRIMERIE ANTH^{e}. BOUCHER, RUE DES BONS-ENFANS, N°. 34.

ADOLPHE ET CAROLINE,

OU

LE DANGER DES DIVISIONS POLITIQUES

DANS L'INTÉRIEUR DES FAMILLES;

COMÉDIE EN CINQ ACTES ET EN PROSE.

A PARIS,

CHEZ ANTH^e. BOUCHER, IMPRIMEUR-LIBRAIRE,

RUE DES BONS-ENFANS, N°. 34.

1824.

AVIS.

Quelques circonstances de société me portèrent à faire cette pièce. C'est sans doute une chose fort indifférente au Public; mais il ne me l'est pas qu'on sache qu'elle a été achevée, il y a plus de trois ans, afin qu'on se persuade bien qu'elle a été écrite dans un esprit indépendant des événemens du jour.

Pour ce qui regarde la composition, je dirai seulement, par une sorte d'amour-propre bien ou mal vu, que j'ai voulu faire la pièce telle qu'elle est, n'ignorant pas qu'il eût été facile de la fonder sur des antécédens plus sinistres; et sachant d'un autre côté que tout auteur qui voudrait faire de ce sujet une comédie de mœurs, se trouverait un peu gêné, quoique le grand changement qui s'est opéré dans le monde ne se refusât pas à un comique assez vif, et qu'un nouveau débarqué, comme celui dont il s'agit, ne dût pas manquer d'occasions de s'égayer.

Le comte de ***.

NOTE HISTORIQUE.

Le vicomte Charles de La Bruyère avait fait, avant la révolution, un voyage aux Grandes-Indes et d'heureuses spéculations de commerce.

Dans le commencement de l'année 1790, avant que la nouvelle de la révolution y fût parvenue, il partit de l'Inde pour revenir voir sa famille; mais il fit naufrage dans une petite île, alors inconnue, des mers de l'Afrique.

Depuis son départ pour l'Inde, le comte son frère s'était marié en secondes noces; ainsi le vicomte n'avait pas eu connaissance de ce mariage, dont sont nés Edmond et Caroline, le fils et la fille du comte.

La sœur du comte et du vicomte s'était déjà mariée avant le départ du dernier, contre le gré de sa famille, à Saint-Preux, jeune officier, qui mourut bientôt et laissa un fils: celui-ci eut le malheur aussi de perdre plus tard sa mère.

Le vicomte a été nouvellement recueilli par un bâtiment anglais dans l'île où il s'était sauvé, et conduit par ce bâtiment à l'île de France.

Caroline est censée avoir dix-huit ans et Edmond vingt.

L'action se passe, en 1814, dans le château du comte de La Bruyère, situé à une portée de fusil de Quimperlé, petite ville de la Bretagne.

PERSONNAGES.

M. DE LA BRUYÈRE (comte), père de Caroline et d'Edmond ; tuteur d'Adolphe Saint-Preux, son neveu.

Le vicomte CHARLES, nouvellement débarqué en France.

M. DE FRANCHIMONT, autre frère, demeurant à quelques lieues de la terre du Comte.

ADOLPHE SAINT-PREUX, amant de Caroline, fils de la sœur du Comte, morte depuis quelque temps, veuve de Saint-Preux, officier français.

EDMOND, frère de Caroline, personnage léger et railleur.

LA COMTESSE, épouse du Comte, ayant le ton et les manières de l'ancienne cour ; d'un caractère un peu sévère.

CAROLINE, sa fille, destinée au marquis de Moncade, ayant non seulement de l'éloignement pour ce mariage, mais éprise secrètement de son cousin, à qui elle avait jusqu'ici caché ses vrais sentimens. Le marquis est absent.

LISETTE, femme de chambre de la comtesse fort attachée à Caroline.

M. LE NORMAND, maire de Quimperlé, espèce d'original.

FATUTTO, italien rusé, arrivé en Bretagne, pour quelques affaires de commerce, après un voyage qu'il avait fait en Allemagne, et ayant formé des liaisons intimes dans la famille du Comte.

PASQUIN, valet-de-chambre de confiance du Comte.

JACQUES, valet de confiance de la comtesse.

JOHN, domestique anglais, amené par le vicomte.

L'AVISÉ, employé du maire.

GRANDJEAN, maître-d'hôtel.

ADOLPHE ET CAROLINE,

OU

LE DANGER DES DIVISIONS POLITIQUES

DANS L'INTÉRIEUR DES FAMILLES.

ACTE PREMIER.

Le théâtre représente un salon. A la droite sont des croisées ayant vue sur le jardin. Au moment qu'on lève la toile, la Comtesse se trouve assise, ayant une petite table à sa droite, et faisant de la tapisserie. Caroline est assise ayant la table devant elle, et brode au tambour. Le Comte arrive avec Adolphe qui est à sa droite. Des chaises se trouvent à leur portée.

SCÈNE PREMIÈRE.

LE COMTE, LA COMTESSE, ADOLPHE, CAROLINE.

(*Adolphe se présente avec timidité; il fait une profonde révérence; la comtesse le salue à peine; Caroline observe son cousin avec une attention qu'elle évite de faire remarquer en reportant toujours les yeux sur son ouvrage.*)

LE COMTE.

SANS doute mon frère était absent. Faut-il qu'il s'avise de courir dans un tel moment... lui qui ne sort jamais de chez lui. (*Il regarde sa montre.*) Il est dix heures passées.

LA COMTESSE.

Il y a plus de deux lieues, et il n'y a pas une heure et demie que le postillon est parti.... Monsieur de Franchimont viendra.

ADOLPHE, *avec empressement.*

Permettez que je prenne un cheval; mais non, je ferai bien aussi deux lieues à pied.

LA COMTESSE.

Courons tous.

CAROLINE.

Attendez donc.

LE COMTE.

Oui, Madame, je serais bien aise que mon frère partageât notre bonheur une heure plus tôt. Ne dirait-on pas que c'est une nouvelle comme une autre? Je me figure sa surprise... Je me suis tellement pressé, que je ne sais presque pas comment je lui ai raconté la chose. J'aurais dû lui envoyer la lettre; mais j'ai écrit de manière qu'il aura compris que personne n'était plus de sang-froid dans la maison.

SCÈNE II.

FRANCHIMONT, UN DOMESTIQUE, LES PRÉCÉDENS.

LE DOMESTIQUE.

Monsieur de Franchimont. (*Celui-ci range le domestique et passe.*)

LE COMTE.

Ah! te voilà! (*Il court pour le serrer dans ses bras.*)

FRANCHIMONT.

N'est-ce pas un rêve?

CAROLINE. (*Elle se lève.*)

Oh! non... vraiment non, mon cher oncle.

FRANCHIMONT. (*Il embrasse sa belle-sœur.*)

Que dites-vous, Madame, de ce retour qui tient du miracle?

LA COMTESSE.

Je voudrais voir ce cher frère.

LE COMTE.

Vous le verrez, Madame. Oui, je presserai contre mon sein ce frère qui fut le compagnon constant de ma jeunesse. (*A Franchimont.*) Tu sais que je n'avais qu'un an de plus que mon Charles; que de tours nous avons faits ensemble! Oui, Madame, ce frère que je portais dans mon cœur, dont l'image fut toujours devant mes yeux, sera peut-être dans quelques jours au milieu de nous.

CAROLINE *à Franchimont.*

C'est mon parrain.

FRANCHIMONT. (*Il embrasse Caroline.*)

Me voilà donc sous la remise.

CAROLINE.

Ah! mon oncle, pouvez-vous dire ces choses-là? Comme je me suis réjouie du plaisir qu'aurait mon cher oncle Franchimont! n'est-ce pas mon père? Mais c'est mon parrain. (*Franchimont la tient toujours par la main, et Caroline lui fait des petites agaceries.*)

LE COMTE.

C'est vraiment la Providence qui te l'a donné; car en te faisant baptiser sous son nom, je n'espérais guère que tu serais jamais assez heureuse pour embrasser ce cher parrain. Cela t'a porté bonheur, ma fille.

FRANCHIMONT, *avec impatience.*

Où est donc la lettre ?

LE COMTE.

La voici. (*Il cherche ses lunettes.*)

CAROLINE.

Voulez-vous que je la lise ?

LA COMTESSE.

Non, on la lira posément.

CAROLINE.

C'est que je la sais par cœur.

LE COMTE, *ne trouvant pas ses lunettes.*

Tenez, mon frère, lisez vous-même.

FRANCHIMONT. (*Il regarde la lettre avec attention, tourne la feuille.*)

Son écriture n'est pas changée ; c'est comme s'il l'avait écrite il y a vingt-six ans. (*Il lit.*) « Mon cher frère... » Asseyons-nous. Bonjour, Adolphe.

ADOLPHE, *en répondant à Franchimont.*

Je n'ai pas encore entendu lire la lettre. On dit que mon oncle.... Par un hasard singulier, le Comte a déjà été instruit de plusieurs particularités de sa famille.

FRANCHIMONT.

« Ile-de-France, ce 2 janvier 1814. Mon cher frère,
» mon bien-aimé, en recevant cette lettre, en croirez-
» vous vos yeux ? Oui, c'est moi, c'est ton frère, qui,
» depuis vingt-six ans, séparé de toi, des siens et du
» monde entier, n'a pas eu un moment de bonheur que
» lorsqu'il pensait à toi et à sa chère famille. » Il y a

plus de vingt-cinq ans que nous n'avons plus eu de ses nouvelles.

SCÈNE III.

EDMOND ET LES PRÉCÉDENS.

CAROLINE. (*Elle fait signe à son frère.*)

Chut! chut!

FRANCHIMONT. (*Il salue affectueusement Edmond, et lit.*)

« Je me repais de la bien douce pensée, qu'en appre-
» nant que le ciel m'a sauvé (par miracle), vous joindrez
» vos actions de grâces à celles que je ne cesse de lui
» adresser. » (*Edmond serre la main à Adolphe.*)— Ah! oui, du fond de nos cœurs. (*Le Comte lève les yeux vers le ciel.*)

CAROLINE.

Que ne peut-il nous voir dans ce moment?

FRANCHIMONT.

« Je profite du départ d'un vaisseau qui se rend direc-
» tement à Lorient, pour vous annoncer qu'au moment
» où vous recevrez ma lettre, je serai peut-être à la veille
» de vous serrer dans mes bras. Le capitaine m'a promis
» de vous remettre ma lettre en main propre. »

LE COMTE.

Il reviendra demain.

FRANCHIMONT, *lit.*

« Pour ce qui me regarde, il suffira de vous dire que
» revenant des Indes, je fis naufrage près d'une petite île
» perdue dans les mers d'Afrique; que j'y ai passé vingt-

» trois ans au milieu d'une population de sauvages, mais
» assez bonnes gens, et que je viens d'être recueilli par
» un vaisseau anglais qui m'a conduit à l'Ile-de-France.
» Ce n'est pas à cela que le ciel a borné ses bienfaits. Non,
» mes amis ; mais je ne vous en dirai pas davantage. Le
» capitaine me presse. »

LE COMTE.

Le capitaine a raconté différentes choses sur l'arrivée à l'Ile-de-France d'une personne qui aurait apporté à notre frère de bonnes nouvelles de Pondichéri. L'essentiel, c'est que mon Charles jouit d'une bonne santé : le capitaine a dit aussi qu'il avait l'humeur joviale ; c'est toujours lui.

FRANCHIMONT *continue* :

« Je veux dans ce moment ne m'occuper que de vous ;
» sachez donc qu'un heureux hasard m'a fait rencontrer
» ici un négociant, ancien armateur, m'a-t-on dit, M.
» Robert, qui arrivait de France... Vous l'avez vu ; il m'a
» appris que vous et Franchimont, ainsi que ma pauvre
» sœur, vous étiez tous bien portans. Je m'en réjouis... »
(*Adolphe, frappé de cet endroit de la lettre, se détourne pour cacher son émotion.*) Que ne dit-il vrai !

LE COMTE.

Vous vous souvenez, Franchimont, que j'eus, il y a deux ans, une petite affaire à régler avec un négociant qui venait de Brest ?

FRANCHIMONT.

Je m'en souviens très bien, un petit homme tout rond. (*Il répète à voix basse.*) « Ainsi que ma pauvre... Je
» m'en réjouis... » (*Adolphe s'éloigne, il est vivement*

affecté. Franchimont continue en élevant la voix.) « Ce » négociant m'a dit que toi, mon cher Edmond, le fidèle » compagnon de ma jeunesse, tu avais uni ton sort à une » épouse respectable qui fait ton bonheur, et dont j'es- » père bientôt faire la connaissance. Ah ! c'est en me par- » lant de tes enfans que j'ai versé des larmes de ten- » dresse. Mon bien-aimé, quelle preuve plus touchante » de ton amour pouvais-tu me donner ? J'en suis pénétré ; » que ne puis-je adopter, pour ma fille, cette gentille Ca- » roline ! Dès aujourd'hui, c'est l'enfant de mon cœur. » Vous ne voudriez pas me la céder. (*Adolphe lorsqu'il* » *entend ce passage se rapproche.*) Je serai néanmoins un » très bon parrain. J'ai bien questionné M. Robert ; je » suis déjà tout fier de ma filleule. » (*Caroline baisse les yeux.*)

LA COMTESSE.

J'aurai soin que le bon parrain ne la gâte pas.

CAROLINE.

Ah ! ma mère, ne le prévenez pas contre moi. Il verra bien lui-même que le portrait qu'a fait ce monsieur ne ressemble pas. Je crois qu'il m'a rendu un mauvais service.

EDMOND.

Tais-toi, ma sœur.

CAROLINE.

Mais sûrement.

EDMOND.

Encore ?

FRANCHIMONT.

Je n'acheverai donc pas la lettre. (*Il lit.*) « J'oublie » tout, pour ne m'occuper que de vous ; cependant je ne

» suis pas sans inquiétude sur mon pays ; on dit des choses
» bien singulières sur tout ce qui s'est passé en France... »

LA COMTESSE.

Assurément, le cher beau-frère qui, après vingt-cinq ans, se réveille au milieu de nous, verra des choses bien neuves... (*On se regarde.*)

FRANCHIMONT, *continue à lire.*

« Ne nous plaignons pas ; cette Providence, qui m'a
» rendu aux objets les plus chers de mon cœur, pourvoira
» à tout. Je me vois déjà au milieu de vous. Oui, mon
» frère, je passerai le reste de mes jours avec vous ; je fais
» mille et mille projets. J'embrasse tendrement Franchi-
» mont. A-t-il conservé ce phlegme (*en voilà pour moi*,)
» ce phlegme heureux qui déconcertait notre pétulance ?
» On le croyait, ce sage et malin cadet (*fort bien*), de dix
» ans plus vieux que nous ; c'est pour le coup que j'aurai
» besoin de ses conseils, j'arrive dans une terre inconnue.
» On dit que votre Edmond est un joli cavalier, bien
» étourdi. (*On lui fait compliment.*) Présentez mes hom-
» mages à ma respectable belle-sœur. Embrassez pour moi
» ma... Son mari est un brave homme... (*Il lit ce pas-*
» *sage à voix basse et vite. La comtesse ne lève pas les*
» *yeux.*) Adieu, les jours que je passe encore loin de vous,
» sont pour moi des années. »

LE COMTE.

Du moins mon pauvre frère revoit sa patrie au moment où enfin le sort de la France est fixé, et qu'elle peut espérer de jouir, après tant de vicissitudes, d'un ordre de choses raisonnable.

LA COMTESSE, *souriant ironiquement.*

Il se pourrait qu'il fût arrivé encore un peu trop tôt.

FRANCHIMONT.

La règle de foi est établie, le reste dépend de nous. Heureux les mortels qui, échappés aux ravages de ces terribles commotions du globe, recueillent en paix les fruits des riantes vallées nées de ces affreux bouleversemens !

ADOLPHE. (*Il s'avance d'un pas.*)

Trois fois heureux... (*Caroline le regarde et il se tait, en se retirant un peu en arrière.*)

LA COMTESSE.

J'entends encore le bruit sourd du volcan, et je tremble.

FRANCHIMONT.

Ce sont des symptômes de vie.

LE COMTE.

Du moins mon Charles verra que la France n'a rien à envier à d'autres pays.

FRANCHIMONT.

Quels qu'ils soient, du Nord au Midi.... (*La Comtesse sourit.*) De grâce, Madame, accordez-nous encore quelques années.

LA COMTESSE.

Nous connaissons, mon cher frère, votre philosophie consolante et bénévole, et surtout votre perspicacité.

FRANCHIMONT.

Vous le savez, je ne suis pas prophète de malheur; j'avouerai cependant que nous donnons bien du mal à ceux à qui Dieu a départi la charge de nous empêcher de nous en faire les uns aux autres. Laissons tout cela pour le moment.

LA COMTESSE.

Vous voudriez toujours, Messieurs, qu'on admirât en silence vos réflexions lumineuses.

FRANCHIMONT.

Comptez que je n'ai rien dit.

LE COMTE.

Oh! mon Dieu non. Je me consolais, à part moi, avec mon pauvre Charles. Je ne vous parlais pas, Madame.

LA COMTESSE.

Etes-vous prophète aussi, Monsieur le Comte? Messieurs les petits prophètes, nous sommes sous la main de la Providence; Heureusement elle veille, et tout espoir n'est pas perdu.

LE COMTE.

C'est sans doute une belle allégorie, qui, en rappelant les misères humaines, place l'espérance au fond de la boîte; mais...

LA COMTESSE.

Vraiment je crois entendre Monsieur de Franchimont, la sagesse absolue.

FRANCHIMONT.

Madame, quand j'arrive je suis toujours préparé à l'attaque. Hé bien! voilà que la sagesse absolue aurait encore un petit conseil à donner. Ne cherchons pas au fond de la boîte l'impossible; pardonnez, Madame, cette réflexion au petit prophète en faveur d'une vérité qui fait compensation: c'est que les grands prophètes qui, naguère, épouvantaient le monde ont aussi perdu leur crédit.

LA COMTESSE.

Ah! ah! vous croyez.

ADOLPHE, *avec un petit air d'inspiré.*

Oui, vraiment, mon cher oncle; la vérité, partout où elle peut se faire entendre, finit par établir son autorité; (*Caroline le regarde d'abord avec un peu d'inquiétude, puis le contrefait en souriant.*) Mais aussi, vérité sans liberté, est un trésor enfoui. Ce sont les paroles du vrai sage: *Cantique des cantiques.*

EDMOND.

Le cantique des cantiques! Il est bon celui-là.

FRANCHIMONT, *en souriant.*

Laissez-le dire, mon neveu.

ADOLPHE, *sans faire attention à ce qu'on dit.*

Ajoutez que liberté sans vérité, est le bien mal acquis dans la maison de l'impie. N'importe qui l'a dit; je ne citerai plus.

EDMOND, *lui parlant à l'oreille.*

L'Apocalypse.

ADOLPHE, *sans l'écouter.*

Si j'osais aussi élever ma faible voix, je dirais que le sentiment du juste est empreint dans le cœur de l'homme en caractères ineffaçables. (*Il s'échauffe.*) Ce fut ce sentiment qui donna naissance à ce sublime pacte de la vertu, lequel, Dieu merci, subsistera jusqu'à la consommation des siècles.

LA COMTESSE.

Vraiment oui, le sublime du niais.

FRANCHIMONT.

Ma chère belle-sœur, souffrez que ce brave jeune homme jouisse encore quelques momens, du bonheur de croire à la vertu : il ne se défie pas des hommes : trop heureux si, se voyant déçu un jour, il ne songe pas à les imiter !

CAROLINE.

(*Voyant que la Comtesse s'impatiente, s'approche de Franchimont.*)

N'est-ce pas ce qu'il dit ? cela part du moins d'un bon cœur.

FRANCHIMONT.

Oui, mon enfant.

LA COMTESSE.

Caroline, de quoi vous mêlez-vous ? Êtes-vous folle ? (*Caroline effrayée s'éloigne.*) Mon cher beau-père, je dis moi que tout cela part d'une tête extravagante. Voilà bien les dupes ; mais nous l'avons entendu ; il n'y en a plus aujourd'hui. N'est-ce pas là le langage de cette secte, mère de tant d'autres ?

FRANCHIMONT.

Qui engendra le *Tourner*, la Bande noire, et....

LA COMTESSE, *l'interrompant.*

On dirait que vous en savez beaucoup plus que nous.

ADOLPHE, *gravement.*

Vous n'êtes pas bien informée, Madame ; croyez qu'il n'est aujourd'hui de secte puissante que celle des gens de bien, qui s'entendent d'un bout du monde à l'autre, sans se communiquer.

FRANCHIMONT.

Ce n'est peut-être pas si mal dit. Il est certaines choses, en faveur desquelles tous les honnêtes gens conspirent en secret, mais aussi en reniant souvent ceux qui se disent leurs interprètes.

LA COMTESSE.

Vous parlez d'or. (*Elle s'emporte.*) Si on n'y met ordre, nous verrons bientôt à l'œuvre ces conspirateurs secrets (*elle regarde Adolphe*), les maîtres et leurs élèves.

ADOLPHE.

Quoi! mes actions ont-elles donc jamais démenti mes paroles?

LE COMTE.

En voilà assez.

EDMOND.

Mon cher cousin a un excellent cœur, du sens, quand il n'est pas transporté dans les hautes régions où l'on respire cet air subtil qui brouille les idées : il nous reviendra un jour.

FRANCHIMONT.

Vraiment, c'en est assez. Nous devrions du moins au moment où l'événement le plus inattendu comble de joie toute la famille, où nous retrouvons, comme par miracle, notre bon et malheureux frère, nous devrions faire trève à ces déplorables querelles qui empoisonnent la vie et qui pourraient enfin avoir de tristes résultats.

LA COMTESSE.

C'est peut-être le moment précisément de détromper certaines gens. La lettre qu'on vient de lire a déjà fait éclore de singulières *idées* dans quelques têtes... Mon cher frère, ah! que vous êtes un homme pénétrant... Il y aura bien des mécomptes.

FRANCHIMONT.

J'espère que tout ne sera pas mécompte ; je ne sais ce que vous voulez dire.

(Il se retire avec le Comte vers le fond du théâtre ; celui-ci parle avec vivacité.)

ADOLPHE, *à part.*

Je n'entends que trop bien ce qu'elle veut dire. Un rayon d'espoir avait commencé à luire... Mais suis-je assez humilié ! (*Haut.*) Si je me réjouis, Madame, c'est du bonheur des autres ; car, pour moi, il n'en est plus.

EDMOND.

Voilà du pathétique. (*Caroline qui est dans une continuelle agitation, fait signe à son frère.*)

ADOLPHE, *avec un air plus grave.*

J'avais lieu d'espérer que du moins on me croirait élevé au-dessus de tout sentiment indigne de moi.

LA COMTESSE.

C'est fort bien, je sais ce que je dis.

ADOLPHE.

Madame, je ne vous entends pas... (*Il y a un moment de silence ; le Comte s'approche.*) Vos moindres volontés seront toujours pour moi des ordres ; mais ne demandez pas que je trahisse ma conscience, ce juge incorruptible de nos actions.

LA COMTESSE.

Voyez donc ce jeune présomptueux, ne dirait-on pas qu'on veut lui faire trahir Dieu et sa patrie ?

LE COMTE, *brusquement.*

Madame, vous n'êtes pas juste ; je ne puis m'empêcher de vous le dire.

ADOLPHE, *attendri baise la main de son oncle.*

C'était dans le sein de ma famille que je trouvais le soulagement de mes peines. Si les sentimens mêmes qui m'attachent aux objets si chers à mon cœur (*il se tourne un peu pour pouvoir jeter un regard sur Caroline*) doivent faire le malheur de ma vie (*avec un ton sévère*), souffrez que je conserve du moins le bien le plus précieux de l'homme, l'estime de soi-même. (*Il fait un profond salut, et sort avec les signes d'un véritable désespoir.*)

SCÈNE IV.

LE COMTE, LA COMTESSE, FRANCHIMONT, EDMOND, CAROLINE.

LA COMTESSE.

Depuis que ce jeune homme fréquente la maison, on dirait que la tête tourne à tout le monde. Je suis lasse de ces querelles.

LE COMTE.

C'est vous, Madame, qui, à tout propos, cherchez à le mortifier : il ne peut dire une seule parole qui ne soit mal interprétée.

FRANCHIMONT.

Ce jeune homme manque sans doute d'expérience ; c'est le défaut de son âge. Il a, dans le pays d'où il vient, fréquenté de jeunes têtes exaltées ; mais il est peut-être tout aussi vrai de dire que, dans ce même pays, tous les hommes d'un esprit cultivé, sont, plus qu'ailleurs, sincèrement épris de ce qui est beau et honnête ; car heureusement ce pays a encore été préservé des bouleversemens dont naît ce combat de passions aveugles, où l'homme lui-même souvent ne se reconnaît plus. Je vois, dans ce jeune homme, un fonds où germe facilement ce qui est bon.

LE COMTE, *avec vivacité.*

Par sa conduite, par son application, il sert d'exemple et de modèle aux autres jeunes gens.

LA COMTESSE.

Il est peut-être plus hypocrite qu'eux. (*Caroline, placée en arrière de sa mère, témoigne qu'elle est loin de penser cela.*) Prenez-y garde.

LE COMTE.

N'en soyez pas en peine, j'en fais mon affaire.

LA COMTESSE.

Vous en ferez ce que vous voudrez. Pour ce qui me regarde, je m'en expliquerai une autre fois.

FRANCHIMONT.

Madame, ne prenons jamais conseil d'injustes préventions. (*La Comtesse fait un mouvement pour répondre; mais se ravise, et sort en faisant un signe qu'il est aisé de comprendre. Edmond la suit.*)

SCENE V.

FRANCHIMONT, LE COMTE, CAROLINE.

LE COMTE.

Voilà un silence qui nous accable... Il faut mettre fin à tout cela. On n'y tient plus.

CAROLINE, *effrayée de ce qu'elle entend, s'approche.*

Ma mère, je crois qu'elle n'a pas bien compris... Vous verrez dans quelques jours, elle sera appaisée.

LE COMTE.

Mon frère, venez dans mon cabinet, j'ai à causer avec vous.

SCÈNE VI.

CAROLINE, *seule.*

Qu'est-ce que tout cela deviendra ? A-t-on jamais vu pareilles choses ? Je vais faire une jolie figure entre eux.... Vous verrez que ce sera toujours à moi que chacun adressera la parole. Serai-je là comme une statue ? Déjà je ne savais souvent pas quelle mine je ferais, quand ils se disputaient et que tous deux me regardaient... Il est échappé à ma mère quelques mots ; se serait-elle aperçue qu'Adolphe... Elle n'écouterait plus personne. (*Elle dit ce qui suit, en marchant et s'arrêtant par intervalle.*) Comment ferai-je pour raccommoder cette affaire ? Que va-t-il devenir ? Il était au désespoir, et ne savait ce qu'il disait... (*Avec impatience.*) Après la scène de l'autre jour, il m'avait donné sa parole qu'il ne se mêlerait plus d'aucune dispute, et qu'il ne parlerait de rien en présence de ma mère qui pût la contrarier... Il est vrai que long-temps il a gardé le silence. Non, ma mère, n'est pas juste ; mais aussi qu'est-ce que cela fait à M. Adolphe, qu'il y ait des pactes en Allemagne ? C'est bien mal à lui de ne pas m'avoir tenu parole ; croit-il que je l'épouserai jamais sans le consentement de ma mère ?... Mon parti est pris, je ne me marierai pas. (*Elle reste pensive.*)

SCÈNE VII.

LISETTE ET LA PRÉCÉDENTE.

CAROLINE.

Ah ! c'est toi !

LISETTE.

Il y a encore eu une scène ?

CAROLINE.

Oh ! mon Dieu, oui.

LISETTE.

Qu'est-ce qui est donc arrivé à M. Adolphe ? Jacques m'a dit qu'il l'avait vu passer comme un homme qui avait perdu la tête.

CAROLINE.

Où est-il allé ?

LISETTE.

Il est sorti par le parc : il marchait, il courait, puis s'arrêtait. Vraiment cela me fait de la peine ; tout le monde l'aime. Il est bon, généreux, il aime à rendre service.

CAROLINE.

Oui, il a de bonnes qualités.

LISETTE.

Il a bien plus d'esprit qu'on ne pense.

CAROLINE, *toujours rêveuse.*

S'il n'est quelque bon génie qui vienne à notre secours, on sera bientôt dans la maison comme chiens et chats. Nous étions dans la plus grande joie. (*A part.*) J'ai bien compris ma mère.

LISETTE.

Comment peut-on se quereller pour des choses auxquelles on ne peut faire ni chaud ni froid ? Ne prennent-ils pas querelle même pour des hommes que personne ne connaît, et dont, six mois après, on n'entend plus parler. M. Adolphe est un peu entêté ; c'est le seul défaut que je lui connaisse. Oh ! pour celui-là, on peut dire du moins qu'il est de bonne foi. Il n'est pas comme ce M. Fatutto qui s'émerveille toujours des belles choses que dit M. le Comte.

CAROLINE.

Oui, quand ma mère n'y est pas.

LISETTE, *vivement.*

C'est ainsi que je l'entends. Je me méfie de cet homme-là. M. Adolphe, qui est bienveillant pour tout le monde, ne peut pas le souffrir.

CAROLINE.

Fallait-il s'en faire un ennemi? Il y a deux jours que, dans une de ces maudites disputes, il ne le ménagea guère. Ensuite par malheur, M. Fatutto s'égara dans la Grèce, et Adolphe le traita un peu en écolier. J'en étais très fâchée pour mon cousin. Tu sais que ma mère a beaucoup de confiance dans ce Monsieur.

LISETTE.

C'est que M. Fatutto connaît mieux la carte du pays que la Grèce... Il y a là-dessous autre chose. Oui, je remarque qu'il observe M. Adolphe avec une attention particulière. Je dis qu'il y a quelque chose là-dessous.

CAROLINE.

Quoi donc?

LISETTE.

Quoi donc? il s'entend avec le Marquis. Je vous ai déjà dit que lorsque celui-ci est venu, on les a vus plus d'une fois ensemble. J'ai pris de nouvelles informations; on a vu qu'ils parlaient d'affaires fort sérieuses. Cet homme ne fait rien pour rien.

CAROLINE.

Laissons M. Fatutto. Sais-tu que mon père a pris un peu fort le parti d'Adolphe en présence de tout le monde? C'est ce qui a le plus fâché ma mère.

LISETTE.

C'est sérieux ; voilà l'autorité bravée en face. Cette tournure des choses ne me déplairait pas ; mais, par malheur, ils ne s'entendent que sur le chapitre du Marquis ; aussi dirait-on qu'ils sont fâchés de se trouver une fois d'accord.

CAROLINE.

Ils n'auront pas sujet du moins de se brouiller pour cela.

LISETTE.

Qu'entendez-vous ? Vous épouseriez donc le Marquis ?

CAROLINE.

Qui vous dit cela ?

LISETTE.

A la bonne heure. Mais la Comtesse est une maîtresse femme. J'ai remarqué que, dans les affaires sérieuses, on finit toujours par faire la volonté de Madame. Je n'ose pas l'aborder quand elle prend ce certain air qui vous coupe la parole.

CAROLINE, *toujours rêveuse.*

Je ne sais ce qu'il va faire ?

LISETTE.

Qui ?

CAROLINE.

Nous parlons de mon cousin.

LISETTE.

Il faut le faire venir.

CAROLINE.

Le penses-tu ? Je lui dirai sérieusement de ne plus se présenter à la maison... jusqu'à ce que ma mère ne soit plus fâchée.

LISETTE.

Au contraire, parlez-lui doucement.

CAROLINE.

Tu sais que je m'intéresse à lui sincèrement ; mais parce que je plaisante souvent avec lui, il s'est mis plus que jamais dans la tête qu'il doit m'épouser, qu'il sera un jour mon mari, quoi qu'il puisse arriver ; mais je lui dirai que je ne l'épouserai jamais si ma mère n'y consent.

LISETTE.

C'est bien entendu. Mais il faut faire en sorte, en attendant, qu'il reprenne courage. Il sera tranquille alors.

CAROLINE.

Sûrement il n'est pas bien raisonnable.... On ne sait comment faire.

LISETTE.

Je lui parlerai. S'il ouvre jamais la bouche pour sa politique, il aura à faire à moi. A ces universités, ils apprennent tout, hors ce qu'un homme qui figure dans le monde devrait savoir. Vous l'avez pourtant beaucoup formé ; déjà il ne regrette plus ses pantalons, dans lesquels, à ce qu'il disait, il entrait quinze aunes de France bien comptées.

CAROLINE.

Ces plaisanteries viennent dans ce moment mal-à-propos ; et pourquoi te moques-tu de lui ? c'est mon cousin.

LISETTE.

Non, vraiment, je ne me moque pas de lui, j'en suis presque amoureuse ; il est tout-à-fait gentil. Je vous assure que je lui rends service de bien bon cœur. Souvenez-vous, quand, à la pointe du jour, il venait se promener dans le parc pour respirer, disait-il, la douce fraîcheur d'un air pur qu'échauffaient les premiers rayons dorés, je crois, du soleil; mais adieu le soleil quand une fenêtre s'ouvrait. Je ne sais comment il faisait; d'un saut il était au coin du bosquet; le jardinier s'en amusait; mais lui croyait qu'il n'était vu de personne.

CAROLINE.

Allons, finis donc.

LISETTE.

Quand il apercevait quelqu'un à la croisée, il se promenait gravement avec son livre, et puis des révérences, quand, par le plus grand hasard, c'était Mlle. Caroline.

CAROLINE.

J'ai pris de l'amitié pour lui, parce que je voyais qu'il avait bon cœur. Il y a près de trois ans qu'il a eu le malheur de perdre sa mère; mais toutes les fois qu'on prononçait son nom, il avait les larmes aux yeux. Je le plaignais.

LISETTE.

Vraiment il a le cœur excellent, et il est amoureux! Cela s'appelle de l'amour, un amour-vierge. Je ne crois pas qu'il ait encore regardé une femme.

CAROLINE.

Quant à cela, je ne voudrais pas d'un mari qui aurait été épris d'une autre, et qui après ne l'aurait plus aimée. Est-ce qu'on ne se ressouviendrait pas toujours que ce qu'il dirait, il l'a dit aussi à celle qu'il aurait aimée avant?

LISETTE.

Dans ce cas, vous ferez bien de renoncer à votre Marquis; car je crois qu'il a déjà dit à plus d'une femme la même chose.

CAROLINE.

Je ne conçois pas que mon père soit aussi porté pour ce mariage.

LISETTE.

Prenez patience. Monsieur et Madame se dégoûteront bientôt l'un et l'autre de ce Monsieur. Oui, c'est un fat. Il faut d'abord faire ouvrir les yeux à M. le Comte, et c'est pour savoir ce qu'il dit, que je prête l'oreille aux douceurs de M. Pasquin ; car, sachez, Mademoiselle, que ce personnage, depuis quelque temps, est amoureux-fou de moi.

CAROLINE.

Et Jacques donc ?

LISETTE.

Je ne dis pas la même chose à l'un que je dis à l'autre ; je n'ai pas cela à me reprocher ; non. Je m'en vais appeler Jacques.

SCÉNE VIII.

JACQUES ET LES PRÉCÉDENS.

LISETTE.

Le voilà justement. (*A Caroline à part.*) Je vous laisse. J'ai heureusement de quoi occuper madame votre mère. (*A Jacques.*) Tu auras une commission à faire ; si tu n'y fais attention, tu me le paieras.

JACQUES.

Mademoiselle Lisette, vous savez... La voilà partie.

SCÈNE IX.

CAROLINE ET JACQUES.

CAROLINE, *d'un air indifférent.*

Elle se moque de toi.

JACQUES.

Je le crois ; mais il faudra qu'elle s'explique. Je ne me laisserai pas toujours tenir le bec dans l'eau ; entendez-vous, Mademoiselle Lisette ? Qu'y a-t-il pour votre service, Mademoiselle ?

CAROLINE, *se promenant dans la chambre.*

Qu'est-ce donc que je voulais dire ?

JACQUES, *à part.*

C'est le moment de la faire souvenir encore une fois de parler à Monsieur le Maire pour ma place.

CAROLINE.

Ah ! oui ; as-tu vu mon cousin ? Mon père m'a chargée de lui donner une commission.

JACQUES.

Fort bien ! Mademoiselle. (*A part.*) Son père...

CAROLINE, *nonchalamment.*

L'as-tu vu sortir ?

JACQUES.

Oui, Mademoiselle, il est allé par le pont du parc. Il n'avait pas l'air d'être de bonne humeur.

CAROLINE.

De bonne ou de mauvaise humeur, ce n'est pas ce que je te demande. Ne serait-il pas par hasard retourné au parc ?

JACQUES.

Cela se pourrait bien, c'est sa promenade favorite.

CAROLINE, *s'efforce de cacher son impatience.*

En tous cas, tu iras dans sa demeure, et tu lui diras que mon père l'attend pour lui parler d'une certaine affaire.

JACQUES.

Vous direz aussi un mot à Monsieur le Maire.

CAROLINE.

Est-ce que je ne te l'ai pas promis il y a deux jours?

JACQUES.

Vous savez qu'il faut faire une fin. Avec ce petit emploi et mes épargnes, sans compter ce que j'hériterai de ma vieille tante...

CAROLINE.

C'est bon, dépêche-toi.

JACQUES.

Ah! Mademoiselle, quand je sais qu'une chose vous fait plaisir, je ferais dix lieues.

CAROLINE.

Qu'est-ce que tu bavardes?

JACQUES.

Je fais bien les affaires de mes maîtres; alors il est bien permis aussi de faire un peu les siennes.

CAROLINE.

(*Elle fait semblant de rêver à quelque chose.*)

Voilà que je réfléchis; je crois que mon père m'a dit d'envoyer Pasquin.

JACQUES.

Ne vous fâchez pas, Mademoiselle Caroline, je ne dirai plus rien.

CAROLINE.

Laissez-moi... Demandez à son logis où il est allé.

JACQUES.

J'y cours ; vous serez bien contente. (*Il sort.*)

CAROLINE, *à part.*

Ces gens sont insupportables, ils veulent faire de l'esprit.

SCÈNE X.

CAROLINE, FATUTTO, PUIS PASQUIN.

(*Pasquin voyant Mlle. Caroline, se retire ; mais laisse la porte entr'ouverte.*)

CAROLINE, *à part.*

M. Fatutto ! que veut-il ? (*Elle veut se sauver, et ne fait pas semblant de le voir.*)

FATUTTO, *s'inclinant avec un air patelin.*

Ze croyais que mosseu le Comte était ici ; z'ai des sozes intéressantes à lui dire. (*Il fait un signe qui annonce un secret.*)

CAROLINE, *avec impatience.*

Je crois que mon père est sorti. (*Après, craignant de s'être trahie, elle lui fait poliment une révérence, et s'en va.*)

SCÈNE XI.

FATUTTO, PUIS PASQUIN.

FATUTTO, *seul.*

Mademoiselle, pazienza ; le petit cousin est encore loin de son compte. Il ne l'aura pas, ou je mourrai à la peine.

(*Pasquin arrive.*) On m'a dit comment le petit Mosseu parle de moi.

PASQUIN.

Il n'y entend pas malice.

FATUTTO.

Comment, l'autre jour, il m'a manqué; oui, il m'a manqué.

PASQUIN.

C'est mal; il est sans cela bon enfant.

FATUTTO.

Quelle différence! le Marquis est aimable, il a de belles manières; ce n'est pas un petit pédant bouffi de sa science.

PASQUIN.

Savez-vous qu'avec tout cela j'ai vraiment du scrupule à servir ce Marquis. Il est à mille lieues en arrière des lumières du siècle; il est arrogant. Non, il ne se corrigera jamais.

FATUTTO, *avec un peu d'aigreur.*

Vous avez des scrupules, monser Pasquin?

PASQUIN, *gravement.*

Monsieur, quand on a des principes.

FATUTTO, *en reprenant son calme.*

Aussi des principes! C'est quelquefois un peu zénant en affaires. Mon ami, ze sais que tu es un grand répoublicain; ma ta fortune est faite, si le Marquis épouse mademoiselle Caroline.

PASQUIN, *avec une impatience apparente.*

Monsieur, vous direz ce que vous voudrez; quand on a des principes... (*Fatutto garde le silence, Pasquin fait semblant de délibérer.*) Je voudrais, il est vrai, que mademoiselle Caroline fît un bon mariage. (*Avec sensibilité.*) Elle mérite qu'on s'intéresse à elle. M. Adolphe a une fortune bien médiocre.

FATUTTO.

Il n'y a que toi de répoublicain dans la maison, avec qui le Comte a du plaisir à zaser. Le Marquis le sait. Il sait que mosseu Pasquin a oun grand crédit. Or, il est connu que cet homme zette l'argent à pleines mains.

PASQUIN.

Il est vrai que le Comte me traite plutôt en ami qu'en homme attaché à son service. Savez-vous garder un secret ?

FATUTTO.

C'est selon ; oui, oui...

PASQUIN.

Je vous dis en confidence que nous travaillons à une espèce de petit catéchisme républicain.

FATUTTO.

Cospetto...

PASQUIN.

Ce sera dans le format de 24—32, pour la petite propriété.

FATUTTO.

Ma... grande cosseptionne !

PASQUIN.

Quand le Comte a une belle pensée, qu'il ne veut pas qui soit perdue, il me dit : « Mon ami, notez cela bien vite. » Je tourne, sans me vanter, assez bien la phrase. Ce sont vraiment souvent de bonnes fortunes ; car c'est en politique surtout qu'on travaille d'inspiration ; vous êtes saisi d'un trait de lumière, et aussitôt il se répand dans l'univers.

FATUTTO.

C'est toi qui est sarzé de tourner la phrase? Bravo, mon ami ; il ne peut plous se passer de toi. Mais le mariage, mosseu Pasquin, vous l'oubliez.

PASQUIN.

Vous avez raison ; plus j'y réfléchis, plus je sens que, dans cette affaire, la Comtesse n'a pas tort... Le Marquis fera son chemin à la cour. Puisque nous prenons le Marquis, il faut bien en tirer parti. Il pourra nous servir.

FATUTTO.

Cela m'est égal ; moi aussi z'ai des principes. Le Marquis est mon ami ; quand ze sers mes amis, ze souis tout feu.

PASQUIN.

C'est bien... cependant...

FATUTTO.

Cependant, mosseu Pasquin, nous perdons notre temps à babiller ; convenons de nos faits ; car, voyez-vous, les combinaisons se compliquent. Le Comte a beaucoup de pensant pour ce zeune homme. D'abord il est son touteur ; mais il a surtout gagné son affessionne depuis qu'il est de retour d'Allemagne, et qu'il instruit le ser oncle des progrès des lumières dans ce pays.

PASQUIN.

L'autre jour il lui fit la représentation des exercices gym... gymnastiques ; mais qu'il appelle... c'est un drôle de nom. L'oncle s'amusait beaucoup de ces tours. Il disait que cela lui rappelait les anciens tournois.

FATUTTO.

Le Comte a touzours un petit faible pour les mœurs cévaleresques, cela lui essape... Mais allons au fait... Auzourdoui ze montrerai la lettre; vous connaissez la Comtesse... ce n'est pas encore assez; il faut faire en sorte que l'aventure se répande dans le poublic. La petite cousine sera piquée. Cela fait effet à dix-huit ans comme à trente.

PASQUIN.

Il paraît que M. Adolphe est d'une complexion amoureuse. Je n'aurais pas cru qu'il jouât ici son rôle avec tant d'assurance. Mais a-t-il fait une promesse de mariage à la demoiselle allemande?

FATUTTO.

Sûrement. Sans cela le Comte dirait que c'est oune petite zentillesse toute française; mais M. le Comte est honnête homme. La chose est claire; les zeunes zens se voyaient tous les jours tout à leur aise. L'amour avait beau zeu; comprenez-vous? Tant est que toute la ville croyait qu'il épouserait la demoiselle. Sonzez quel bruit que cela fit, quand on apprit un beau matin, que mosseu St.-Preux, après avoir payé son loyer la veille, c'est-à-dire à la fin du mois, comme à l'ordinaire, était parti, sans même qu'on sût, pendant quelques zours, ce qu'il était devenu. La demoiselle ne pouvait cacer son dépit. Le père était fourieux, lorsque mosseu Adolphe écrivit oune lettre insignifiante; ce qui mit la demoiselle dans la désolationne.

PASQUIN.

Elle l'aimait, sans doute.

FATUTTO.

On l'avait regardé comme un bon parti; sa mère ne le laissait manquer de rien.

PASQUIN.

C'est un vilain trait. En conscience, on doit sauver cette pauvre personne, qui serait perdue de réputation. Il faut qu'il l'épouse ; oui, il faut qu'il l'épouse.

FATUTTO.

Aussi, dès que z'ai appris cette affaire, z'ai engagé le négociant français, qui est l'ami du père, de presser celui-ci d'écrire de suite au Comte, comme son touteür. Cette lettre, ze l'ai gardée exprès plusieurs zours ; ainsi on ne dira pas que ze me sois pressé de la montrer pour faire du tort à ce zeune homme. (*Pasquin a l'air de rêver.*) A quoi pensez-vous ?

PASQUIN.

Lisette est dévouée à mademoiselle Caroline ; ainsi rien ne s'opposera plus à mon mariage avec elle.

FATUTTO.

Ze n'entends pas.

PASQUIN.

D'abord il n'y a plus de doute que mademoiselle Caroline n'épouse le Marquis. Jusqu'ici j'étais un peu inquiet. Savez-vous que Lisette raffolle de monsieur Adolphe : aussi ce butor de Jacques est-il aux petits soins avec le petit cousin.

FATUTTO.

Ze commence à comprendre. Mais sois sur tes gardes, mon ami ; c'est une fine mouche ; sans doute, vous êtes oun autre homme que ce Zacques ; ma la Comtesse en fait grand cas. Avez-vous eu des esplicationnes avec la petite Lisette ?

PASQUIN.

Elle ne m'a encore rien promis positivement ; mais elle

me distingue... elle m'estime... Je vous dirai que monsieur le Maire a promis pour moi, à un de ses amis intimes, une place qui vient de vaquer; cela ne gâtera rien à l'affaire.

SCÈNE XII.

JACQUES ET LES PRÉCÉDENS.

JACQUES.

Vous n'avez pas vu mademoiselle Lisette?

FATUTTO.

Hé! bonzour, mon ami Zacques.

PASQUIN, *à part.*

Est-ce que ce drôle nous aurait écouté?

JACQUES, *aussi à part.*

Qu'est-ce qu'ils manigancent ensemble?

PASQUIN.

Ne vois-tu pas que Monsieur me parle d'affairés.

JACQUES.

Je cherche mademoiselle Lisette, que Madame demande, si monsieur Pasquin veut bien le permettre. Voyez donc cet original qui parle d'affaires. Il fait l'important, parce que le matin, avant le lever de Monsieur, il fait, à quelques autres fainéans du quartier, la lecture d'un certain journal que nous ne regardons pas seulement.

PASQUIN.

Tu fais bien... (*Il rit.*) Il ne sait pas lire son nom.

JACQUES.

Crois-tu que je ne crierais pas aussi fort que toi? L'autre jour tous les polissons de la rue et les servantes du voisinage s'étaient attroupés devant la maison, croyant qu'on se battait, qu'on se tuait. C'était un tapage. (*A monsieur Fatutto.*) Je l'aurais dit à Monsieur, si je n'avais pas craint de passer pour un faux-frère; entre camarades, il faut de la discrétion. Les maîtres, voyez-vous, sur certaines choses, sont susceptibles; ils veulent crier tout seuls. (*A Pasquin.*) Va-t-en, songe-creux.

PASQUIN.

Je ne sais ce qui me retient.

FATUTTO.

Vous vous compromettez. (*Bas à Pasquin.*) L'ami de mosseu le Comte.

JACQUES.

Mosseu Zacques ne lui conseille pas de s'y frotter.

FATUTTO.

Tout le monde vous estime, vous êtes un bon suzet.

PASQUIN.

Surtout bien sobre. (*Il fait un éclat de rire.*)

JACQUES.

Je chante comme chantaient nos vénérables pères, qui n'étaient pas des rêves-creux, comme il y en a tant aujourd'hui.

Si Bacchus eût planté des vignes en Bretagne,
Nous saurions mieux qu'ailleurs apprécier ce don;
Et loin de l'envoyer en Bourgogne, en Champagne,
Tout coulerait par le gosier breton...

PASQUIN.

Achève-donc:

Même la lie et le bondon.

JACQUES.

Tout coulerait par le gosier breton!

Celui qui chantait ainsi, c'était un homme de sens, songe-creux, fainéant.

FATUTTO.

Cette sanson est zolie.

PASQUIN.

Venez ; laissons-là le digne descendant de ces ivrognes. (*Il lui rit au nez.*)

JACQUES.

Ha ! ha ! ha ! rira bien qui rira le dernier ; je m'entends, Monsieur Pasquin , savez-vous bien ?

FATUTTO.

Vous avez raison , mosseu Zacques. (*Jacques s'en va.*) Il fallait le faire zaser. La Comtesse a beaucoup de confiance en lui. Vous êtes oun peu étourdi , mosseu Pasquin : *Faccia scolta , pensieri stretti.*

PASQUIN.

En effet, qu'est-ce que veut donc dire le nigaud ? Quoi ! est-ce que je serais jaloux de ce butor ? Voilà vraiment un rival dangereux.

FATUTTO.

Ce garçon a du bon sens.

PASQUIN.

Lisette se moque de lui : Lisette a de l'esprit, du goût.

FATUTTO.

Finissons , le temps presse. Ce soir encore ze parlerai à la Comtesse ; elle a désà déviné le zeune homme : quelle découverte !... Faites attentionne à tout.

FIN DU PREMIER ACTE.

ACTE II.

SCÈNE PREMIÈRE.

ADOLPHE, JACQUES.

JACQUES.

Attendez ici, je vais avertir mademoiselle Lisette.

ADOLPHE.

Allez vite.

JACQUES.

Ce que je vous ai dit, reste entre nous; ne me trahissez pas. Mademoiselle Caroline, vous ne le croiriez pas, elle vous devine; je ne sais comment elle fait.

ADOLPHE.

Soyez tranquille, mon cher Jacques, vous avez fait une bonne action, ne vous en repentez pas. (*Seul.*) Que sommes-nous, pauvres mortels ! Ce matin j'eusse regardé comme un génie sauveur l'être bienfaisant qui m'eût délivré du fardeau de la vie ; et voilà que, de nouveau, toute mon existence est changée... De quoi Jacques a-t-il peur ? Est-ce qu'il m'aurait trompé ? Ah ! c'est lorsque tout semble nous sourire, qu'il faut trembler. Cependant Caroline m'aurait-elle fait appeler, si elle n'avait pas de consolations à m'offrir. Lisette se fait bien attendre.... Caroline aurait-elle voulu m'annoncer elle-même mon arrêt de mort.

SCÈNE II.

LISETTE ET LES PRÉCÉDENS.

ADOLPHE.

Mademoiselle Lisette, suis-je toujours le plus malheureux des hommes ? Ah ! si du moins mademoiselle Caroline compâtit aux peines que j'endure, je ne serais pas tant à plaindre.

LISETTE.

Vous n'êtes pas précisément le plus malheureux des hommes : non ; mais vous ne vous êtes pas non plus mis dans une bonne position. Causons avec un peu de sang-froid.

ADOLPHE.

Ce qu'on me reproche n'est qu'un vain prétexte ; je sais mieux quel est mon crime aux yeux de la Comtesse.

LISETTE.

Ne pouvez-vous un moment parler avec calme ?

ADOLPHE.

L'aveugle destin a réglé mon sort à cet égard. Que faire à cela ?

LISETTE.

Je sais bien quand les hommes font des sottises, que c'est toujours le destin qui a fait tout le mal. Mademoiselle Caroline fera tout-à-l'heure la leçon au destin.

ADOLPHE.

Vous ne m'entendez pas. Mademoiselle Caroline du moins ne pense pas comme tant d'autres ; elle juge les hommes pour ce qu'ils sont. Quant à ma conduite, qu'elle daigne me la prescrire. Dans le bonheur, comme dans le malheur, je n'aurai de volonté que la sienne.

LISETTE.

Allons, on veut bien avoir pitié de vous.

ADOLPHE.

Vous me rendez la vie. Plus mon malheur me semblait certain, plus je sens le besoin de me livrer sans réserve à l'espérance, d'écarter tous les sinistres présages qui troubleraient mon repos. Oui, l'avenir s'embellit à mes yeux.

LISETTE.

Doucement, nous sommes peut-être encore un peu loin de compte. Jamais je n'ai vu la Comtesse en colère comme après la scène d'aujourd'hui. Mademoiselle a beaucoup de choses à vous dire.

ADOLPHE.

Vient-elle?

LISETTE.

Elle est avec la Comtesse; elle ne peut pas la quitter quand elle veut. En attendant, je vous dirai en confidence, qu'on commence à soupçonner que le badinage de la petite cousine a été pris par monsieur le Cousin au sérieux.

ADOLPHE.

Certes, on ne me reprochera pas la moindre indiscrétion. Devant le monde, je suis d'une réserve extrême, pénible.

LISETTE.

Madame la Comtesse a une certaine per.... *perpicacité*.

ADOLPHE.

Que voit-elle qui dût la surprendre? Suis-je donc le seul qui ait des yeux? Mademoiselle Caroline ne reçoit-elle pas d'autres encore tout aussi bien qu'elle me reçoit. Je suis son cousin ; mais je ne me plains pas ; non, je ne me plains pas.

LISETTE.

Je crois que Monsieur est jaloux.

ADOLPHE.

Qu'exige-t-on ? Il eût donc fallu me tenir à jamais éloigné d'elle. L'on veut que je ne l'aime pas ; cela est-il possible, ma chère Lisette, je vous le demande ?

LISETTE.

J'avoue que c'est un peu difficile ; mais il y a des cœurs de roche qui, pour cela aussi, n'ont aucune pitié de leur prochain. Nous ne sommes pas si inhumains ; nous ne voulons pas l'impossible.

ADOLPHE.

Au milieu de mes vives inquiétudes et de mes chagrins, j'ai aussi des momens qui seraient enviés des dieux. Souvent je crois la voir, je me figure qu'elle m'entend. Je lui adresse la parole.... A son tour, elle m'ouvre son cœur, elle me console, alors je suis heureux. Que ces momens sont ravissans !

LISETTE.

Il est drôle avec ses visions.

ADOLPHE.

Mes visions ! des visions ? Mademoiselle Caroline, n'est-ce donc qu'une vision ; cette figure aimable, ces yeux pleins de candeur, vrais miroirs d'une belle âme qui porte l'empreinte de sa céleste origine, ce son de voix enchanteur qui pénètre les cœurs, enfin cet ensemble gracieux que je craindrais de gâter en voulant le décomposer, tout cela ne sont que des visions! Ma chère Lisette, que tu es heureuse !

tu la vois, tu l'entends, tu l'entoures sans cesse. Je l'avoue, quand je suis avec toi, j'éprouve déjà un charme que je ne puis m'expliquer.

LISETTE.

Monsieur Adolphe, n'allez pas devenir amoureux de moi?

ADOLPHE.

Vraiment, souvent quand je te voyais sortir de chez elle... j'aurais voulu t'embrasser; je la cherchais dans toi, autour de toi, tu venais de respirer....

LISETTE.

Et vous auriez cru respirer... Voyez donc comme Monsieur s'enflamme.

ADOLPHE.

Ah! mon amour est aussi pur que l'est lui-même cet ange du ciel qui me l'inspire. Cet amour élève l'âme, il l'absorbe en entier, et ne fait germer en nous que des sentimens dignes d'un tel objet; je dis plus, il semble, autour de nous, transformer l'univers.

LISETTE, *vivement.*

Vraiment, sans l'amour que deviendrait le monde?

ADOLPHE.

(*Cette réponse le désenchante, et il garde un moment le silence.*)

Ma chère Lisette, l'amour n'est pas la même chose pour tout le monde.

LISETTE.

Mais cela se rapproche pour le fond. Certes, il faut de la délicatesse; on n'en manque pas. Oh! quand j'aime, j'aime bien; aussi je veux être aimée de même; je ne souffrirais pas que mon amant en comptât à d'autres; sur cela, point de quartier. Mademoiselle Caroline pense comme moi à cet égard. (*Adolphe est frappé de cette observation.*) La voici.

SCÈNE III.

CAROLINE ET LES PRÉCÉDENS.

LISETTE.

Dépêchez-vous ; je vais tâcher d'occuper madame la Comtesse. (*A Caroline.*) Vous voyez ce petit Monsieur tout interdit ; mais ne vous y fiez pas, je vous raconterai tout cela. (*Elle sort.*)

ADOLPHE.

(*Il reste interdit, et ne songe qu'à ce qu'a dit Lisette.*)

Vous seule au monde étiez capable d'allumer dans ce cœur, jusqu'à ce jour impassible, cette vive flamme qui fut pour moi comme un nouveau souffle de vie, qui a changé tout mon être. (*Avec plus de calme.*) Mon adorable Caroline, vous seule, oui, vous seule, pouviez donner naissance à cet amour, dans lequel je vivrai et je mourrai, quel que soit le sort que le ciel m'ait réservé.

CAROLINE, *un peu étonnée.*

Il est donc aussi des hommes qui pensent qu'on peut aimer une femme comme une autre. Ainsi donc celle que le hasard... cela mérite réflexion... Mais, monsieur Adolphe, il n'est pas question de cela ; j'ai bien autre chose à vous dire.

ADOLPHE.

(*Il est encore plus vivement frappé de l'observation de Caroline.*)

Si jamais Caroline pouvait concevoir l'idée que cette personne ait pu toucher mon cœur.... Si j'étais coupable, je dirais tout ; j'aurais le courage d'en subir la peine....(*Il lève les yeux vers le ciel.*) Mon cœur ne me reproche rien ; pourquoi donc jetterais-je la défiance dans ce cœur plein de candeur, dans lequel jamais le soupçon n'est entré.

CAROLINE.

(*Elle n'a pas cessé de l'observer.*)

Il me fait de la peine ; je crois que Lisette a raison. Il faut lui parler doucement. (*A Adolphe.*) Mon cousin, ma mère est bien fâchée contre vous.

ADOLPHE.

Que ne ferais-je pas pour détruire ses injustes préventions.

CAROLINE.

Assurément vous vous y prenez bien.

ADOLPHE.

A tout ce que je dis elle donne une interprétation contraire à mes intentions.

CAROLINE, *avec un peu d'humeur.*

Vous ne devez pas disputer contre votre tante.

ADOLPHE.

(*Il fait une inclination cérémonieuse.*)

Assurément j'ai pour elle le plus profond respect.

CAROLINE.

(*Elle le contrefait en répondant.*)

On peut fort bien se taire, on n'en pense pas moins pour cela.

ADOLPHE.

(*Il prend un air un peu dégagé.*)

Je n'ignore pas ce que je dois à Madame votre mère. Il

ne faudrait pas savoir vivre. (*Caroline détourne la tête et sourit.*) Vous vous moquez toujours de moi.

CAROLINE.

Savez-vous qu'on n'oserait plus prononcer votre nom devant ma mère.

ADOLPHE.

Ah! ne m'accablez pas davantage. Mais enfin est-ce donc en trahissant son sentiment qu'on mérite l'estime de ceux qu'on révère ? Après tout, faut-il haïr, persécuter une personne, parce qu'elle diffère d'opinion avec nous.... lors même, je suppose, qu'elle serait dans l'erreur? L'homme, dont les actions n'ont, dans aucune circonstance, démenti les paroles, celui-là est sûrement de bonne foi; et si, étant peu avancé dans la carrière de la vie, les occasions de signaler ses sentimens par de nobles sacrifices ne lui ont pas été offertes, on peut hardiment le mettre à l'épreuve.

CAROLINE.

Ce sont de fort belles choses; mais ma mère n'en croit pas moins que, dans vos écoles, on fait tourner la tête à ceux de votre âge.

ADOLPHE.

Peut-on de trop bonne heure inculquer aux jeunes esprits les grandes maximes sociales? Pour que l'arbre s'élève, étende ses branches et porte des fruits nombreux, il faut qu'il ait jeté des profondes racines.

CAROLINE.

Laissons vos racines, vos branches. Il est temps...

ADOLPHE.

Non, permettez.... on voudrait me faire passer à vos yeux pour un extravagant; je dois bien me défendre. Peu m'importerait ce que d'autres pensassent de moi, quoiqu'à dire vrai, tout honnête homme souffre d'être mal jugé.

CAROLINE.

Je crois, mon cousin, que vous êtes un peu entêté!

ADOLPHE.

Ah! que dites-vous? Tracez ma conduite, ordonnez ce que vous voulez que je fasse. J'irai me jeter aux pieds de ma tante.

CAROLINE.

Gardez-vous en.... elle devinerait pourquoi. Au contraire, il faudra, pendant quelque temps, vous tenir éloigné. (*A part.*) Je n'ai pas le courage de le lui dire. (*Haut.*) Il faut laisser le temps à ma mère de s'appaiser.

ADOLPHE.

Je me présenterai le moins possible.

CAROLINE.

Mais si ma mère..... si elle ne voulait pas du tout vous recevoir; alors ne dirait-on pas dans la ville que vous êtes mal vu de toute la famille? Vous ne voudriez pas cela.

ADOLPHE.

Que voulez-vous donc que je fasse?

CAROLINE.

Mon père a, je crois, le projet de vous faire voyager.

ADOLPHE.

Que dites-vous? (*Il reste immobile, les yeux fixés en terre.*)

CAROLINE.

Pendant quelque temps seulement. (*Adolphe ne répond rien.*) Ah! mon Dieu, pour deux mois... je crois à Paris; alors ma mère aura oublié...

ADOLPHE.

Je voudrais aller au bout du monde.

CAROLINE, *à part.*

J'ai bien fait de le prévenir.

ADOLPHE, *avec calme.*

Pendant mon absence, sans doute, se terminera le mariage du Marquis? Eh bien! je m'éloignerai; vous avez raison.

CAROLINE.

Vous vous mettez toujours dans la tête toutes sortes de choses. Qui vous dit qu'il est question de mariage?

ADOLPHE, *avec douleur.*

Ne craignez rien, je déroberai à vos yeux le spectacle de mes souffrances, du moins je saurai bientôt y mettre un terme.

CAROLINE.

Je ne veux pas que vous parliez ainsi, vous me faites peur.

ADOLPHE.

C'est assez. Dans ce moment, je ne parlerai pas à mon oncle; mais, dans peu, j'aurai atteint ma majorité; alors je serai le maître de mes actions.

CAROLINE. (*Elle s'éloigne.*)

On dit que Paris est encore pire qu'une université; on y est exposé à toutes sortes de dangers. Ce voyage lui ferait tort. (*Haut.*) Eh bien! restez. Mon père, si vous lui dites que vous ne viendrez jamais que lorsqu'il vous fera appeler, n'insistera pas si fort.

ADOLPHE.

Combien de fois, lorsque je me voyais repoussé par celle qui donna le jour à Caroline, j'ai été près de perdre courage. Je passais des jours et des nuits dans l'abattement;

mais du moins lorsque je vous revoyais, j'étais soulagé ; vous répandiez autour de vous la joie, le contentement, je ne pouvais plus croire que je fusse seul malheureux. A présent, sans cesse tourmenté de nouvelles inquiétudes, en proie à mes terreurs, je serais livré à moi-même ; cette pensée m'effraie !

CAROLINE.

Est-ce que je ne saurai pas ce que vous faites ?

ADOLPHE.

Je n'attristerai plus votre imagination par les noires idées qui déjà m'assaillissent de toutes parts ; mais connaissez du moins, dites si vous le voulez, le délire de ma passion ; car, jusqu'à ce jour, j'ai à peine osé encore vous laisser deviner ce qui se passait dans mon cœur.

CAROLINE.

Je suis bien aise d'apprendre que je suis une personne imposante... Prenez garde, ma mère peut venir, que dira-t-elle ?

ADOLPHE.

Vous ne lirez donc pas dans ce cœur où tout est votre ouvrage ?

CAROLINE.

Dépêchez-vous.

ADOLPHE.

Que ne puis-je vous donner une faible idée de cette volupté pure de l'âme, dont l'amour, le véritable amour embrase les cœurs faits pour le sentir. C'est le terme de la félicité humaine ; que peut-on concevoir au-delà ? C'est dans cette sublime jouissance, accordée à notre imparfaite nature, qu'éclate la bienfaisance divine de la manière la plus touchante et la plus digne d'elle. Certes, l'auteur de toutes choses a voulu que ce bonheur ineffable fût notre partage, puisqu'il a créé des objets capables d'inspirer les sentimens dont il découle. C'est ainsi qu'il n'a pas donné à l'homme une faculté dont l'existence ne suffise pour faire éclater son intention, n'eût-il paru qu'un seul individu sur la terre ayant atteint ce haut degré, où il semblerait présenter le type de la pensée du Créateur.

CAROLINE.

Mon cousin, ne pourriez-vous pas parler de manière qu'on vous entende?

ADOLPHE.

Quoi! ce serait en vain qu'il aurait offert à nos yeux ces créatures célestes dans lesquelles il se serait complu de rassembler toutes les perfections?

CAROLINE.

Je vois que les philosophes savent aussi débiter des flatteries. Je sais bien que je ne suis rien de tout cela.

ADOLPHE.

Ah! ma cousine, c'est cette modestie qui fait que vous ne vous doutez pas seulement de ce que vous êtes; c'est elle qui vous rend parfaite.

CAROLINE.

Eh bien! pourquoi me l'apprenez-vous? Vous voulez donc que je sois imparfaite?

ADOLPHE.

Mais, mais....

CAROLINE.

Je m'en vais voir si quelqu'un est avec ma mère. (*Adolphe va au même instant voir de l'autre côté du théâtre.*)

ADOLPHE.

Elle ne m'a pas encore donné l'assurance formelle qu'elle n'épousera pas le Marquis. (*Caroline entend ce qu'il dit.*) Si j'insiste, elle croira que je me méfie d'elle ; cependant...

CAROLINE.

Je vous le promets. Êtes-vous content ?

ADOLPHE.

Caroline sera donc le prix de ma constance... Pourquoi en effet voudrait-on aujourd'hui me refuser votre main, si vous ne m'en jugez pas indigne. J'ai la noble ambition de croire que je saurai la mériter, au moins autant qu'aucun autre. Ah ! si un cruel destin n'avait pas fixé à mon père le terme fatal de sa vie, au moment où s'ouvrait pour lui cette carrière de gloire que tant d'autres ont depuis parcourue si noblement.

CAROLINE.

Ma tante m'a souvent raconté de lui des choses qui faisaient voir que c'était un homme d'un mérite distingué.

ADOLPHE.

Ma mère, qu'on cherchait à mortifier, s'enorgueillissait du choix qu'elle avait fait.

CAROLINE.

Je sais qu'à l'âge de vingt-sept ans il était déjà fort avancé, et que ce fut par de belles actions.

ADOLPHE.

Elle vous aura dit aussi qu'elle n'avait pas à rougir non

plus du nom qu'elle portait... Mon père, il est vrai, ne tirait de la mémoire de ses ancêtres d'autre illustration que celle que peut donner une longue filiation d'hommes constamment honorés dans leur état, de l'estime de leurs concitoyens, et qui n'ont cessé d'en recevoir les marques les plus signalées de leur confiance. Ce noble héritage devint le patrimoine inaliénable de ces familles, aussi bien que les sentimens mêmes auxquels elles le devaient. On était d'autant plus jaloux de conserver intacts ces biens précieux, qu'une telle illustration n'avait pas d'autre garantie : heureux le pays où l'exemple d'un père impose au fils le devoir de lui ressembler.

CAROLINE.

Pour cela, c'est vrai.

ADOLPHE.

Ma chère Caroline, il n'y a rien de stable là où tout finit dans chaque individu. A Rome, à Lacédémone...

CAROLINE, *en souriant.*

Je sais, mon cousin, que vous êtes savant ; mais je ne veux pas sortir de France.

ADOLPHE.

Pardon... ne ferais-je pas bien d'aller voir mon oncle ? En voulant m'éloigner, il cédait au besoin de la paix ; mais je connais ses sentimens.

CAROLINE.

Souvent des raisons qu'on croit d'une grande importance peuvent nous contrarier.

ADOLPHE.

Qu'entendez-vous par-là ?

CAROLINE.

Si mon père se persuade qu'une grande fortune et un nom, qui ne le cède pas au sien, ne peuvent rien laisser à désirer à sa fille.

ADOLPHE.

Vous redoublez mes alarmes. Quoi ! lui qui faisait gloire de fouler aux pieds les préjugés du vulgaire !

CAROLINE.

Il suffit que je vous aie dit que je n'épouserai pas le Marquis.

ADOLPHE, *avec vivacité.*

Ne voyez-vous pas que dès qu'on saura que votre mariage avec lui est rompu, d'autres prétendans, entourés des mêmes prestiges, se présenteront en foule. Et si dans le nombre se trouvait un homme estimable, doué de qualités faites pour séduire !... il n'aura pas les défauts du Marquis... Plaignez votre malheureux cousin.

CAROLINE.

Vous vous forgez sans cesse d'autres fantômes ; à présent, vous avez peur des gens que je ne connais pas. Les connaissez-vous ?

ADOLPHE.

Le malheureux ne s'aveugle pas. Ils sont cruels, ils sont terribles ces momens où, exempts d'illusions, nous ne voyons que trop bien les choses comme elles sont.

CAROLINE.

Voilà ce que c'est aussi quand on pense toujours aux choses qui nous font de la peine.

ADOLPHE.

Ah ! peut-on se faire quelqu'idée des angoisses qu'on n'a

pas éprouvées. Pardon, j'ai promis de ne plus troubler votre repos. (*Adolphe s'éloigne un peu.*) Aucune plainte ne sortira plus de ma bouche. Je souffrirai seul.

CAROLINE, *à part.*

J'ai aussi le cœur navré. (*Elle s'assied.*) Vous n'êtes peut-être pas le plus à plaindre; si vous souffrez, vous pouvez du moins, sans contrainte, vous abandonner au sentiment qui vous occupe... (*Elle se détourne un peu.*) On lit dans mes yeux; chacune de mes paroles est remarquée; si j'ai du chagrin, on veut en deviner la cause. (*Des larmes qu'elle voudrait cacher lui échappent.*)

ADOLPHE.

(*Il est touché autant que ravi.*)

Ma chère Caroline! un père voudra-t-il faire le malheur de sa fille?

CAROLINE.

Je ne suis pas non plus tout-à-fait en paix avec moi-même. (*Elle se tourne plus de son côté.*) Dans ce moment, n'ai-je donc rien à me reprocher?

ADOLPHE.

Ah! que cette félicité que me présentait mon imagination, dans ces instans de ravissement, était bien loin de ce que j'éprouve dans ce moment. Non, je ne me croirai plus l'égal des mortels, le jour où je verrai ma Caroline partager un bonheur... (*Il tombe aux genoux de Caroline.*)

CAROLINE.

(*Avec un mélange de trouble et de sévérité.*)

Adolphe! (*Elle se lève.*)

ADOLPHE, *restant à genoux.*

Pourquoi faut-il que je sois réduit au langage vulgaire

pour exprimer ce qui est au-dessus des conceptions communes ? Ah ! faut-il m'en punir ?

CAROLINE, *avec douceur.*

Levez-vous.

ADOLPHE, *restant à genoux.*

Vous m'affligez toujours. (*Caroline lui tend la main ; Adolphe y imprime deux fois un baiser brûlant, en témoignant qu'il a peur d'en trop faire.*)

CAROLINE.

Allez trouver mon père. Prenons patience. (*Adolphe sort.*)

SCÈNE IV.

LISETTE ET LES PRÉCÉDENS.

LISETTE.

La Comtesse a demandé où vous étiez. Monsieur le Comte est seul ; un Monsieur vient de sortir.

CAROLINE.

Tant mieux. (*Elle fait signe à Adolphe qui s'en va comme elle, mais du côté opposé.*)

SCÈNE V.

LISETTE, PASQUIN.

PASQUIN. (*Il fait la révérence avec noblesse.*)

Voilà deux jours que j'épie le moment de vous présenter mes respectueux hommages, dans l'espoir de pouvoir traiter à loisir une affaire, certes, d'une haute importance.

LISETTE.

(*Elle fait aussi la révérence avec une certaine dignité.*)

Vous savez qu'on est souvent bien contrarié quand on n'est pas sa maîtresse.

PASQUIN.

Aussi j'espère être bientôt le maître de mes actions. Le Comte aura quelque peine à se passer de moi ; mais chacun pour soi , et Dieu pour tous.

LISETTE.

Nous savons que le Comte a toute confiance en vous , qu'il vous consulte sur bien des choses.

PASQUIN.

Je me flatte de ne lui donner que de bons conseils , et que , si je fais bien mes affaires chez lui , il en est amplement dédommagé. Je n'attends que l'heureux moment où je pourrai vous offrir une main qui ne soit pas indigne de vous.

LISETTE.

On n'est pas insensible aux marques d'estime que nous donnent certaines personnes ; mais la délicatesse appelle la délicatesse ; ainsi , dans quelque temps d'ici , j'aurai meilleure grâce à m'expliquer. La Comtesse s'occupera , je crois , de mon établissement , lorsque le mariage de Mademoiselle avec monsieur le Marquis sera fait. (*Lisette regarde Pasquin.*) Il paraît que l'affaire est près de se conclure.

PASQUIN.

On fera bien de se hâter.

LISETTE.

Est-ce bien vrai que le Marquis est si riche ?

PASQUIN.

De plus , il est généreux , je n'en dis pas davantage. Il faut absolument finir cette affaire. Les jeunes personnes ont aussi leurs caprices ; je remarque que la petite demoiselle prend toujours le parti de son cousin avec une certaine chaleur.

LISETTE.

Ah! mon Dieu, c'est par compassion. La Comtesse le traite si mal; cela lui fait de la peine. Il est vrai pourtant que monsieur le Comte le protége assez.

PASQUIN.

Oui; mais s'il se doutait seulement qu'il pût faire obstacle au mariage du Marquis, il le ferait partir sur-le-champ.

LISETTE.

On serait bien bon d'avoir peur de lui, il est si novice. S'il était amoureux, il n'oserait seulement pas le dire.

PASQUIN.

Trouvez bon, Mademoiselle, que je vous ramène sur le chapitre de nos petits intérêts. J'ai appris avec satisfaction que Madame s'occupait de votre établissement; ainsi nous pourrons, j'espère, faire bientôt une assez bonne maison.

LISETTE.

Il y a commencement à tout.

PASQUIN.

Je vous ferai une confidence qui ne vous déplaira pas. Je compte incessamment entrer dans les fonctions publiques. Le Maire m'a promis, ou autant vaut, la place qui vient de vaquer.

LISETTE.

Vraiment? (*Elle se compose le mieux qu'elle peut.*) Sans doute, c'est Monsieur qui vous aura recommandé.

PASQUIN.

Il n'y a pas nui ; mais ne croyez pas que cet office, qui néanmoins procure une décoration, soit le terme de mon ambition ; mais par-là j'entre dans l'intimité du premier magistrat de l'endroit. En attendant, c'est une bague au doigt... Son secrétaire est un homme bien cassé... comprenez-vous... (*Jacques paraît sur le derrière du théâtre, et cherche à entendre ce qu'on dit ; il fait connaître par sa pantomime la manière dont il est affecté suivant ce qu'il croit entendre.*)

LISETTE.

Le Maire est un bonhomme : ah ! que vous êtes malin. (*Elle sourit.*)

PASQUIN.

A notre dernière conférence, les choses sont restées en suspens. Est-ce une affaire faite ? Parlez.

LISETTE.

Il est un petit mot qu'une jeune personne qui a de la pudeur, a toujours quelque peine à lâcher... on voudrait laisser quelque chose à deviner. A demain, monsieur Pasquin, voilà l'heure où le Comte vous appelle.

PASQUIN.

Je me flatte que vous ne tarderez pas à combler les vœux d'un homme qui vous adore. (*Il baise respectueusement la main à mademoiselle Lisette, qui fait une révérence gracieuse.*)

LISETTE.

Le Maire promet donc la place à tout le monde. Quoi ! ce Monsieur a appris cela dans son endroit ; c'est une perfidie.

SCÈNE VI.

LISETTE, JACQUES.

LISETTE.

Je ne voudrais pas de ce pédant, infatué de son mérite, quand il aurait, comme il dit, des bagues à tous les doigts. Il n'y a pas de plus sotte bête qu'un sot qui croit avoir de l'esprit. L'espèce en fut toujours assez variée; ils étaient parfois divertissans. Aujourd'hui, les fous même ne sont plus gais. (*Elle se retourne pour sortir et voit Jacques.*) Que faites-vous là ?

JACQUES.

(*Il prend les airs de Pasquin, s'approche avec gravité de Lisette pour lui baiser la main; elle lui donne dans la figure du revers de la main.*)

Vous avez la main un peu leste, je vous l'ai déjà dit une autre fois; mais à présent que je sais à quoi m'en tenir sur ces petites caresses, ne recommencez pas.

LISETTE.

Je crois que ce nigaud a écouté aux portes.

JACQUES.

Vous parlez si bien, mademoiselle Lisette, qu'il y a toujours du profit à faire en vous écoutant.

LISETTE.

Eh bien ! qu'est-ce que tu as entendu ? L'imbécile n'aura pas même compris.

JACQUES.

J'ai si bien compris que je ne veux plus rien comprendre. C'était donc pour cacher votre jeu que l'autre jour vous chantiez de si beaux vers à sa louange. C'est un fat, c'est un... Mais Monsieur adore...

LISETTE.

Qu'est-ce que j'ai dit ?

JACQUES.

Vous, mademoiselle Lisette, qui avez vraiment une mémoire d'ange, quelquefois vous oubliez ce que vous avez dit la veille.

LISETTE.

C'est une calomnie.

JACQUES.

Vous ne vous souvenez plus ?... (*A part.*) C'est, comme on dit, il n'y a pire sourd que celui qui ne veut pas entendre. (*Haut.*) J'ai tort, monsieur Pasquin est un homme charmant. (*Lisette sourit.*) Fiez-vous après cela à ce que vous disent les femmes. (*Il contrefait Lisette, lorsqu'elle donnait sa main à baiser, et fait une révérence comme elle, mais de loin.*)

LISETTE.

Si tu ne finis ces bêtises, il t'en arrivera mal.

JACQUES.

Vous ne répondez pas à ce que je dis, Mademoiselle.

LISETTE.

Je crois qu'il fait le raisonneur... Eh bien ! oui, j'aime monsieur Pasquin, c'est un homme qui a de l'éducation ; c'est un parti qui n'est pas à dédaigner.

JACQUES.

Oh ! pour celui-là, c'est trop fort. Mon parti est pris. Il m'en coûte ; cela me déchire le cœur ; mais c'en est fait. Monsieur de Franchimont avait bien raison, quand il disait l'autre jour qu'il n'y aurait jamais de révoltes, si les hommes étaient justes. C'est une femme, mais c'est tout comme.

LISETTE.

Tu es donc un révolté?

JACQUES.

Je vais de ce pas demander mon congé à Madame la comtesse; je ne veux pas, dans cette maison, crever de dépit pour faire plaisir à Monsieur Pasquin?

LISETTE, *à part.*

Dieu sait les bêtises qu'il dirait; la Comtesse ne veut pas même qu'on parle à cet homme. (*Haut.*) Je vous défends de sortir.... Tu resteras là.

JACQUES.

Vous voudrez bien, à l'avenir, donner vos ordres à d'autres, entendez-vous?

LISETTE.

Hé bien! allez... allez donc. Je vois que c'était bien à tort que j'ai eu une certaine affection pour un homme qui la méritait si peu, qui n'a pas de confiance.

JACQUES. (*Il s'éloigne un peu.*)

Ne voilà-t-il pas que je me sens presqu'attendri. Je crois que je suis encore amoureux de cette ingrate. Non, tenons ferme. Je voudrais pourtant voir comme elle se justifiera. (*Lisette, tout en l'observant, a l'air de s'occuper d'autre chose.*) Mademoiselle Lisette, je vous aime, vous le savez; je voudrais avoir tort, je vous le confesse, et si vous pouvez vous justifier...

LISETTE.

Me justifier! ah! voilà du nouveau. C'est bien à vous à vous justifier.

JACQUES.

Convenez, pourtant, que j'ai raison de me plaindre et de dire....

LISETTE.

Apprends que tu n'as jamais raison.

JACQUES.

Quoi! comment! Supposez pourtant que j'eusse raison et que vous eussiez tort.

LISETTE.

Tais-toi.

JACQUES.

Quand j'aurais vu de mes yeux, quand j'aurais entendu de mes oreilles...

LISETTE.

Tu auras mal vu, tu auras entendu mal.

JACQUES, *après un petit moment de silence.*

Hé bien! Mademoiselle, vous voudrez bien à l'avenir m'ordonner, par commandement exprès, ce que je dois voir et ne pas voir, croire et ne pas croire; car, voyez-vous, je... je... je pourrais bien me tromper.

LISETTE.

Il m'impatiente avec ses bêtises.

JACQUES.

C'est plus simple.

LISETTE.

A propos, as-tu vu sortir Monsieur Adolphe?

JACQUES.

Vous savez bien que je n'ai pas bougé d'ici.... Mademoiselle Lisette, vous êtes injuste.

LISETTE.

Non, tu as bien fait ta commission ; je suis contente de toi.

JACQUES.

Vous êtes fort honnête, Mademoiselle; mais je voudrais un peu savoir....

LISETTE.

Madame m'attend. Adieu. (*Elle sort vite.*)

JACQUES.

Me voilà bien avancé... Hé donc... Oui, courez après. Cela vous bouleverse la tête d'un homme; je prends une résolution, et puis je fais tout le contraire... C'est bête ; oui, c'est bête... Quand on fait leur volonté, quand tout s'arrange à leur gré, juste ou non, elles sont de la meilleure humeur du monde, elles sont gracieuses; mais sont-elles contrariées, ou pour peu seulement qu'elles craignent de l'être, le petit ange devient un petit diable.... Mais nous verrons : tenons ferme.

SCÈNE VII.

LE COMTE, FRANCHIMONT, JACQUES.

JACQUES, *à part.*

Si pourtant je me fâchais trop fort, elle serait capable d'épouser Pasquin.

LE COMTE.

A qui parles-tu? es-tu devenu fou? (*Jacques continue une pantomime qui exprime de nouveau ce qu'il vient de dire.*) Jacques, n'entends-tu pas?

FRANCHIMONT.

Il répète une scène de comédie; c'est un monologue dans toutes les formes.

JACQUES.

Excusez, Monsieur le Comte.

LE COMTE.

Es-tu fou?

JACQUES.

Vous avez bien raison. (*A part.*) Je me prêche à moi-même, et je ne m'écoute pas. (*Il sort.*)

SCÈNE VIII.

LE COMTE, FRANCHIMONT.

LE COMTE.

Il n'est sorte de difficultés qu'il ne fasse pour ne pas aller à Paris, ou pour différer son voyage : il a mille raisons ; il veut du moins rester encore sept à huit mois dans ce pays, pour s'occuper exclusivement de ce qui, selon lui, a fait le principal sujet de ses études ; il dit qu'il s'enfermera chez lui pour achever des cahiers qui ne sont, dit-il, encore qu'ébauchés ; je lui ai demandé s'il comptait occuper une chaire de professeur.

FRANCHIMONT.

Il y a du vrai dans ce qu'il dit : ces études indéterminées, ces lectures variées qui amusent et qui prennent notre temps, ne font souvent autre chose que flatter notre paresse ; il n'y a que l'étude qui profite.

LE COMTE.

Il m'a impatienté.

FRANCHIMONT.

Adolphe a près de vingt-un ans. Il est tems qu'il se détermine sérieusement pour la carrière dans laquelle il veut entrer. Un jeune homme qui a des moyens, ne peut envisager de trop bonne heure le but qu'il se propose. Plus ce but sera élevé, plus il sentira qu'il doit ramasser ses forces, plus l'homme s'agrandira. Je recommanderai notre neveu à Paris à M. Rolin ; ce sera un excellent guide.

LE COMTE.

Je lui ai même laissé entrevoir le mariage que j'ai en vue pour lui ; mais il a dit qu'il ne se mariera pas avant trois ans. Les bons partis échappent.

SCÈNE IX.

CAROLINE ET LES PRÉCÉDENS.

CAROLINE. (*Elle vient en courant.*)

Mon parrain est arrivé ! Vite, vite, la clef de la grille. Il m'a reconnue.

LE COMTE.

Il t'a reconnue ! Es-tu folle ?

CAROLINE.

Avez-vous la clef ? J'étais dans le jardin ; la voiture s'est arrêtée, et il est descendu : il m'a nommée tout de suite, et il m'a embrassée au travers de la grille.

FRANCHIMONT.

Je commence à croire en effet...

LE COMTE, *avec une vive joie.*

Il serait possible vraiment qu'il fût arrivé. (*Il tire la clef de sa poche.*)

CAROLINE.

Mais c'est bien sûr.

SCÈNE X.

JACQUES, EDMOND ET LES PRÉCÉDENS.

(*Tout le monde est en mouvement.*)

JACQUES.

Mademoiselle a raison; nous cherchons le jardinier pour qu'il ouvre la grille. (*Edmond veut prendre la clef, mais Caroline la saisit avant lui. Elle range Edmond, qui est déjà à la porte.*)

FRANCHIMONT.

Je vais avertir ma sœur. (*Tous sortent du côté opposé.*)

FIN DU DEUXIÈME ACTE.

ACTE III.

SCÈNE PREMIÈRE.

LE VICOMTE, *donnant le bras à la Comtesse, ayant Caroline à sa gauche;* FRANCHIMONT, LE COMTE, EDMOND, *et* LISETTE, *qui suit par curiosité.*

LE COMTE.

Comment, mon frère, tu as fait une toilette recherchée.

LE VICOMTE.

Depuis que j'ai quitté mon bonnet de laine, je suis devenu coquet.

CAROLINE.

Vous me l'avez donné, mon cher oncle; il est à moi. (*Le Vicomte lui prend la main, et la regarde avec intérêt.*)

LE VICOMTE.

Du moment que j'ai mis le pied en France, je me suis informé de la mode : comment me trouvez-vous avec cette coiffure?

LE COMTE.

Vous avez l'air d'avoir dix ans de moins que moi, j'en suis piqué.

LE VICOMTE.

Vous avez beaucoup perfectionné la perruque. (*La Comtesse fait un signe d'approbation ironique.*)

FRANCHIMONT.

Vous nous flattez.

LA COMTESSE.

Il est étonnant qu'après tant de privations et une vie si dure, vous ayez conservé une santé si robuste.

EDMOND.

Vous avez l'air, mon cher oncle, de devoir faire notre épitaphe à nous tous.

LE VICOMTE.

Je vois que tu es le digne frère de ta sœur.

CAROLINE.

Ah! mon Dieu, je serais morte de frayeur avant d'aborder dans cette île affreuse.

LE VICOMTE.

C'est aussi un moyen de se tirer d'affaire. Mes amis, le courage est un remède à bien des choses; l'homme, qui se laisse abattre, ne tire parti de rien. La première pensée qui m'affermit, qui m'a soutenu, fut celle qui eût peut-être fait perdre la tête à un autre. Je vis que ma destinée pourrait être de passer ma vie entière dans cette île, et je pris mon parti comme un autre Crusoé; mais je ne m'étais pas éloigné d'une lieue de la côte, que je remarquai quatre gros poteaux fixés en terre, et couverts d'un toit formé de branches d'arbres entrelacées; le tout entouré d'un fossé et de terre amoncelée, et je reconnus le génie de l'homme.

CAROLINE.

Comment avez-vous fait pour ne pas mourir de faim?

SCÈNE II.

LE MAITRE-D'HOTEL ET LES PRÉCÉDENS.

LE MAÎTRE-D'HÔTEL.

Madame, vous êtes servis.

LE VICOMTE.

Voilà un heureux à-propos. (*A Caroline.*) Tu es curieuse ; j'en ai à raconter pour long-temps.

LA COMTESSE.

Allons au plus pressé. (*Tout le monde sort.*)

SCÈNE III.

LISETTE, *seule.*

Le Vicomte paraît un brave homme.... Nos affaires iront bien, ou je me trompe fort.

SCÈNE IV.

LE MAIRE, LISETTE.

LE MAIRE.

Ah ! voilà Mademoiselle Lisette, je la salue affectueusement ; aurait-elle la complaisance de me faire annoncer ? Je n'ai trouvé personne.

LISETTE, *un peu froidement.*

On vient de se mettre à table ; l'arrivée de M. le Vicomte a un peu dérangé l'heure du déjeuner.

LE MAIRE.

Je n'ai pas voulu tarder un moment à témoigner à la famille combien je prends part à cet heureux événement.

LISETTE.

Nous savons, monsieur le Maire, que vous êtes un ami sincère de la maison.

LE MAIRE.

En cela, on me rend bien justice.

LISETTE.

On ne tardera pas à sortir de table; cependant voulez-vous que j'appelle quelqu'un.

LE MAIRE.

Non, j'attendrai.

LISETTE.

Je ne suis pas fâchée, monsieur le Maire, de pouvoir, en attendant.... avoir l'honneur de vous entretenir d'une petite affaire qui nous intéresse tous, et nommément madame la Comtesse.

LE MAIRE.

Vous connaissez mon respect, mon attachement pour cette dame.

LISETTE.

Vous avez promis à mademoiselle Caroline, qui a bien aussi son petit mérite...

LE MAIRE.

Petit mérite, vous êtes bien modeste.

LISETTE.

Vous lui avez promis pour Jacques, qui est depuis long-temps particulièrement attaché au service de madame la Comtesse, la place de premier garde-forestier de la commune.

LE MAIRE.

J'ai promis, dites-vous?

LISETTE.

Comment, vous l'avez oublié ?

LE MAIRE.

Une multitude d'affaires nous passent par la tête... Je crains que ma femme....

LISETTE.

Quoi ! monsieur le Maire ?

LE MAIRE.

Je veux dire que je serais fâché qu'elle eût en vue quelqu'un... Mais, ma belle enfant, vous seriez, ma foi, capable de me faire faire une infidélité. (*Il veut lui prendre le menton.*)

LISETTE, *avec un air imposant.*

Je ne suis pas fort étonnée que vous ayez oublié votre promesse, puisque vous avez aussi promis la place à un autre.

LE MAIRE.

Pour promis, certainement non : on ne rebute pas les gens par un refus formel ; mais ce qui s'appelle promis, sûrement pas. Quand il y a une place à donner, il y a cinquante postulans.

LISETTE.

Je ne me serais pas imaginée qu'il y eût tant d'ambitieux dans la banlieue. Je veux croire, après tout, que le postulant s'est un peu vanté.

LE MAIRE.

Oui, il s'est vanté... Qui est-ce ?

LISETTE.

Vous êtes curieux... Je vous le dirai une autre fois.

LE MAIRE.

Quand il vaque un emploi, nous sommes bien embarrassés. Aussi un grand roi a eu bien raison de dire : quand je donne une place, je fais quatre-vingt-dix-neuf mécontens et un ingrat. Aujourd'hui, c'est bien plus fort. Je sais, de science certaine, que l'autre jour à Paris il y eut, pour une place d'écuyer-cavalcadour, mille quinze placets. Il n'y en a qu'un qui a pu l'avoir !

LISETTE.

Avant de donner l'éveil aux quinze mille...

LE MAIRE.

Non, non, mille quinze.

LISETTE.

Et pour vous mettre à votre aise, promettez-moi bien vite et fort et ferme.

LE MAIRE.

Vous êtes pressante, mademoiselle Lisette. Soit.... je me rends... je vais en causer seulement un peu avec ma femme... pour plus de sûreté.

LISETTE.

(*A part.*) J'oublie moi-même les droits de mon sexe... (*Haut.*) C'est une dame vénérable, et Madame la Comtesse n'en parle qu'avec la plus grande estime; vous savez qu'elle se connaît en gens. L'autre jour elle dit : Madame l'épouse de Monsieur le Maire est une femme qui sait se faire respecter. C'est ainsi, a-t-elle ajouté, que l'on conduit les hommes.

LE MAIRE.

Oui, mais aujourd'hui c'est un peu plus difficile. Ils

sont devenus revêches; il faut s'y prendre adroitement. (*Avec emphase.*) Il faut les éclairer sur leurs intérêts ; il est vrai qu'ils les entendent souvent mal.

LISETTE.

Vous connaissez Madame la baronne de Schelestat; elle ne pense pas ainsi.

LE MAIRE.

Les dames en parlent bien à leur aise.

LISETTE.

Il faut laisser, dit-elle, au pon pèple ses préchichés.

SCÈNE V.

LE COMTE ET LES PRÉCÉDENS.

LE COMTE.

Entrez, Monsieur le Maire. Je ne vous offre pas à déjeuner.

LISETTE, *au Maire, à l'oreille.*

Vous promettez. (*Le Maire lui fait un signe affirmatif.*)

LE MAIRE.

Je serai ravi de faire connaissance avec Monsieur le Vicomte; l'aspect d'une famille heureuse est toujours pour moi la plus belle des jouissances, et je sais faire encore une différence de la famille de M. le comte de la Bruyère.

LE COMTE.

Vous êtes obligeant; entrons.

LE MAIRE, *marchant en s'inclinant.*

Cette noblesse d'esprit, cette finesse de sentimens si vantée de l'ancienne cour, brille... (*Le Comte le pousse légèrement pour le faire entrer.*)

SCÈNE VI.

LISETTE, CAROLINE *arrivant par la porte latérale.*

LISETTE.

Je crois qu'il ne lui en coûte pas plus de promettre deux fois qu'une; mais s'il me trompe, il me le paiera.

CAROLINE.

Mon parrain a demandé dans quel pays était Adolphe; personne n'a ouvert la bouche. Mon père a commencé une conversation avec le Maire, et mon parrain n'a plus dit un mot. Je ne sais pourquoi il m'a regardée. J'étais embarrassée, et j'ai pris un prétexte pour sortir.

SCÈNE VII.

LE VICOMTE, CAROLINE.

LE VICOMTE.

J'ai à peine encore fait connaissance avec ma filleule.

CAROLINE.

Quand on a annoncé le Maire, j'eus peur qu'on ne sortît jamais de table.

LE VICOMTE.

Je t'ai bien comprise; tu as des yeux qui parlent.

CAROLINE.

Oh! je ne regarde jamais personne; vous êtes mon oncle.

LE VICOMTE.

Ton oncle, ton parrain, et tu l'as entendu, ma fille adoptive; ainsi tu es obligée de m'aimer.

CAROLINE.

Et puis je vous aime encore comme on aime quand on n'y est pas obligé.

LE VICOMTE.

Petite rusée, prends-y garde, je sais aussi faire l'oncle.

CAROLINE.

Je vous respecte, mon cher oncle, autant que je vous aime; mais vous êtes si bon, et je suis à mon aise avec vous comme si je vous avais connu toute ma vie. Je vous demande pardon. (*Elle prend un air respectueux, et se retire un peu.*)

LE VICOMTE.

Viens, ma fille, je plaisante (*il la baise sur le front*). Ton bon naturel t'inspire ce qu'on apprend aux autres. Tu me fais penser à une observation que j'ai faite. J'ai remarqué, avec satisfaction, que dans ma famille on n'a pas suivi la mode qui s'introduisit il y a une quarantaine d'années, de tutoyer pères et mères.

CAROLINE.

Nous, jamais; mais nous les aimons encore plus tendrement que ceux qui les traitent si familièrement. Il fallait voir leurs jolies manières et les petites impertinences qu'ils disaient à tout le monde. Papa et maman trouvaient cela charmant, et souvent ils en avaient leur part.

LE VICOMTE.

Puisque nous en sommes sur ce chapitre, je te dirai que le respect dispose à la soumission, et en établit l'habitude sans effort. L'amour des enfans, uni à ce sentiment, est moins sujet aux variations, parce qu'alors il est moins exigeant. Hé! mon Dieu, il en est ainsi du lien qui est le fondement de l'ordre dans la société. Mon enfant, n'oublie jamais l'un des plus saints commandemens.

CAROLINE.

Nous avons ici de jeunes Messieurs devant lesquels on dirait que leur grand-père n'ose plus ouvrir la bouche.

LE VICOMTE.

Je n'en suis pas surpris; ils croient, à ce qu'il paraît, que c'est la raison des pères qui est en enfance. Ma fille, je vois que tu es bien raisonnable, cela me charme. Un peu maligne, n'est-ce pas?

CAROLINE.

Pourquoi croyez-vous cela? Vous verrez que je ne suis qu'une fille de province toute simple, un peu gauche. Je voudrais être aussi fine que sont, dit-on, les demoiselles du grand monde; ce serait, mon cher oncle, pour faire votre conquête.

LE VICOMTE.

Je me défendrai, oui : cependant, parle-moi avec confiance; je veux savoir de toi une chose qui me tient à cœur.

CAROLINE.

Je vous dirai tout.

LE VICOMTE.

J'ai remarqué avec peine que lorsque j'ai demandé si le fils de feu ma pauvre sœur n'était pas dans ce pays-ci, on fit semblant de ne pas avoir entendu ce que j'avais dit. (*Caroline prend un air sérieux.*) On commença un autre discours. J'ai remarqué aussi que tu m'avais regardé, et aussitôt baissé les yeux.

CAROLINE.

Pourquoi donc mon oncle?

LE VICOMTE.

Il me semblait même que tu étais embarrassée.

CAROLINE (*Elle rougit*).

Moi?... Mon cousin...

LE VICOMTE.

Hé bien! ton cousin... est-ce qu'il aurait fait quelque sottise?

CAROLINE.

Oh! pour cela non, mon cher oncle.

LE VICOMTE.

Il a perdu son père bien jeune. Je l'ai connu, c'était un homme de mérite et un homme sage.

CAROLINE.

Mon cousin Adolphe a eu bien des chagrins.

LE VICOMTE.

Il fut trop tôt abandonné à lui-même. La mort de ma pauvre sœur, que j'appris en arrivant en France, m'a bien affligé. On reproche communément aux mères de gâter surtout les fils uniques, mais aussi que leurs conseils sont touchans! Combien de fois une tendre mère a retiré des mains des séducteurs un jeune homme que la sévérité irréfléchie du père leur aurait livré!

CAROLINE.

Aussi, comme il aimait sa mère! Lorsqu'il apprit, il y a à présent quatre ans, qu'elle était malade, il fut ici avant que personne ne s'y fût attendu, et ne quitta plus le chevet de son lit, quoiqu'il fût survenu une autre maladie qui était contagieuse. Lui-même tomba malade, et on avait désespéré de sa vie.

LE VICOMTE.

Il sera heureux, sois-en sûre, mon enfant. Mais qu'est-ce qu'on a donc à lui reprocher ?

CAROLINE.

C'est un bien honnête homme. Mon père le renvoya pour achever ses études à l'Université, d'où il n'est revenu que depuis quatre mois. C'est surtout depuis ce temps que ma mère s'est prévenue contre lui. Il est vrai que ma mère et ma tante n'avaient déjà pas été trop bien ensemble.

LE VICOMTE.

J'aurais cru que pendant un si long laps de temps elles se fussent raccommodées.

CAROLINE.

On disait que ma tante était un peu fière.

LE VICOMTE.

Ma sœur eut tort sans doute de se marier contre le gré de toute sa famille. Le public même l'avait blâmée. Mais depuis son mariage elle se conduisit comme elle le devait. Son mari fut honoré, et on respecta l'épouse. Adolphe, dans quel pays est-il dans ce moment ?

CAROLINE.

Mais...

LE VICOMTE.

Hé bien ! on le sait sans doute ?

CAROLINE.

Il n'aura pas osé... Il viendra assurément demain.

LE VICOMTE.

Quoi ! il est dans la ville? (*Il y a un moment de silence; l'oncle se promène avec un air pensif.*) Je veux le voir, et, s'il se peut, dès aujourd'hui. Ma pauvre sœur a été assez malheureuse. Je ferai en sorte que le fils ait un meilleur sort. Je saurai aussi comment il se conduit.

CAROLINE.

Demandez à mon oncle Franchimont.

LE VICOMTE.

Votre père en est-il content?

CAROLINE.

Mon père l'aime beaucoup... Il dit que c'est un savant.

LE VICOMTE.

Cela n'est pas nécessaire : il n'en faut pas tant pour se bien conduire.

CAROLINE.

Je l'ai dit aussi.

LE VICOMTE.

Ah ! tu l'as dit aussi !

CAROLINE.

Je ne dis pas que je l'aie dit à lui... Je n'ai pas été la seule.

LE VICOMTE.

Suit-il tes conseils?

CAROLINE.

Il avait des manières un peu singulières quand il revint de l'Université.

LE VICOMTE.

Tu t'es chargée de lui apprendre à vivre?

CAROLINE.

Je serais un gouverneur bien respectable; il venait souvent à la maison. Je ne voulais pas que nos jeunes gens se moquassent de lui, car, assurément, il a bien autant d'esprit qu'eux.

LE VICOMTE.

Tu veux qu'il ait la tournure des élégans de la province?

CAROLINE.

Oh! pour cela non.

LE VICOMTE.

C'est bien fait de prendre le parti de son cousin... Il est reconnaissant sans doute?

CAROLINE, *un peu embarrassée.*

Il a eu tort aujourd'hui de contrarier ma mère. Ah! comme elle s'est fâchée contre lui!

LE VICOMTE.

Tu me parles-là d'une autre affaire... Mais est-ce que mon neveu lui aurait manqué de respect?

CAROLINE.

Non pas : oh! pour cela non. Il a dit qu'un honnête homme ne doit pas, sur certaines choses, trahir son sentiment.

LE VICOMTE.

Non, vraiment; mais il paraît qu'on s'est querellé? Je sais déjà que cela arrive ici quelquefois. Qu'est-ce qu'a dit mon frère?

CAROLINE.

Mon père?

LE VICOMTE.

Oui, ton père.

CAROLINE.

Il lui a donné un peu raison... (*Vivement.*) Ah! mon cher oncle, si vous ne venez à notre secours, jamais la paix ne se rétablira plus chez nous. Je suis bien malheureuse. (*Plus posément.*) Ma mère a du chagrin, mon père est fort mécontent; cela me fait beaucoup de peine, et je ne sais comment faire! Ils s'emportent souvent pour des choses... Ah! mon Dieu... Après ces disputes ils sont deux ou trois jours sans se parler. Alors toute la maison se boude, si ce n'est encore pis.

LE VICOMTE.

J'ai bien remarqué que ma belle-sœur était un peu sérieuse; cependant tout le monde me paraissait d'assez bonne humeur.

CAROLINE.

Votre apparition inattendue a, dans le moment, fait tout oublier... Si cela dure seulement...

LE VICOMTE.

J'y aviserai. Je suis neutre, et nous ferons entendre raison.

CAROLINE.

Ce n'est pas sûr, mon cher oncle.

LE VICOMTE.

C'est mon affaire. Mais dans ce moment j'aime mieux ne m'occuper que de toi, ma fille. Ton père m'a dit que ton mariage avec le marquis de Moncade était résolu, et même qu'il ne tardera pas à se faire.

CAROLINE.

Que dites-vous?

LE VICOMTE.

Le marquis est d'une très ancienne famille; on dit qu'il a une grande fortune.

CAROLINE.

Ne faut-il que cela pour faire le bonheur?

LE VICOMTE.

Il est jeune; on dit qu'il a de l'esprit.

CAROLINE.

Je n'ai presque pas eu d'entretien avec lui pendant les deux jours qu'il a passés ici. Mon cher oncle, je sens que je ne suis pas faite pour le mariage.

LE VICOMTE.

Qu'est-ce que tu dis?

CAROLINE.

Non... vraiment, mon oncle.

LE VICOMTE. (*En souriant il l'observe.*)

Vraiment?

CAROLINE.

Mon frère doit sans doute se marier bientôt, alors ma belle-sœur me remplacera auprès de mes parens... Je viendrais auprès de vous, mon cher oncle; dites que vous le voulez bien; croyez que de ma vie je ne me marierai. (*Elle est affectée.*)

LE VICOMTE.

Je ne suis pas de cet avis... ni toi non plus.

CAROLINE.

Ah! je vous dis la vérité.

LE VICOMTE.

Tu viendras demain matin dans mon appartement, et j'espère que tu seras un peu plus sincère. (*L'oncle la regarde avec intérêt.*)

CAROLINE, *avec sensibilité.*

Ne m'abandonnez pas; oui, je ne vous quitterai plus.

LE VICOMTE.

Allons rejoindre la compagnie.

CAROLINE.

On ne fera pas attention à moi... Ne dites pas, mon cher oncle, de quoi nous avons parlé.

LE VICOMTE.

Je passerai la journée à faire mes observations; j'aurai assez à faire. Ma fille, sois tranquille. (*Il rentre dans le salon.*)

SCÈNE VIII.

CAROLINE, LISETTE.

LISETTE.

Je vois que vous avez fait entièrement la conquête de monsieur le parrain... Je suis sûre que tout ira bien.

CAROLINE.

Tu es toujours sûre de tout.

LISETTE.

J'ai vu sa mine. N'a-t-il pas dit que vous soyez tranquille?

CAROLINE.

Eh bien! je ne le suis pas du tout. J'étais moins inquiète ce matin; cependant j'avais bien du chagrin. Je me sens tout agitée.

LISETTE.

Moi aussi ; quand quelque chose me fait plaisir, c'est alors que j'ai le plus d'émotion. (*Caroline ne l'écoute pas.*)

CAROLINE.

Voilà tout le monde. (*Elles se sauvent toutes deux.*)

SCÈNE IX.

LE COMTE, LA COMTESSE, LE VICOMTE, FRANCHIMONT, EDMOND, LE MAIRE, FATUTTO.

LE MAIRE, *au Vicomte.*

C'est avec ravissement que je me représente la société dans l'enfance, où l'homme sans passion, réduit à des besoins faciles à satisfaire, n'a rien à envier à son voisin. On a bien raison de dire que l'homme de sa nature est bon.

FRANCHIMONT.

Cet enfant de la nature est parfois, dit-on, un peu brutal, sans parler de ceux qui se mangent.

LE VICOMTE.

Il vous offre de bon cœur ce dont il n'a pas besoin et dont il ne se soucie pas. Mes sauvages, comme je vous ai dit, étaient de bonnes gens ; mais, pour la possession d'un petit miroir, ils vous assommeraient sans façon.

FATUTTO.

Cet enfant de la nature, mosseu le Vicomte, tient de nos petits polissons qui zouent ensemble, et qui, un moment après, se prennent aux ceveux pour savoir à qui aura une poire.

LE MAIRE.

Mais la franchise est empreinte sur tous les visages. Quel contraste avec notre brillante civilisation, où l'envie, la haine, la défiance, la trahison, se cachent sans cesse sous le voile perfide de la politesse.

EDMOND.

Vous avez beau dire, monsieur le Maire, on a fait de si heureux essais pour procurer à l'homme le bonheur parfait, que je ne rétrograderai pas d'un pas; c'est chez moi un parti pris.

(*Pendant qu'Edmond répond au Maire, la Comtesse s'assied et invite le Vicomte à s'asseoir à côté d'elle, en faisant signe au Maire et à Fatutto de prendre des sièges; mais celui-ci se contente de pousser un fauteuil au Vicomte, dont il est fort occupé. Le Comte et Franchimont se parlent à part pendant quelques instans. Edmond reste aussi debout.*)

LE MAIRE.

L'amour de la propriété fait naître tant de contestations entre les hommes civilisés! L'on conçoit qu'il en est de même parmi les sauvages. Sans doute, il y a chez ces bonnes gens des autorités qui protègent le faible contre le fort.

EDMOND.

Quand mon oncle partait, on s'occupait de l'élection des maires.

LE MAIRE.

L'élection des maires? Ah! c'est un sujet bien délicat. (*Le Comte et Franchimont s'approchent.*)

LE VICOMTE, *à la Comtesse.*

Votre maire est un original.

LA COMTESSE.

Ce pourrait être encore une bonne copie. Il est parfois divertissant.

LE MAIRE, *après avoir rêvé un peu.*

On ne donne pas soi-même des verges pour être fouetté.

LE VICOMTE.

Monsieur le Maire, vous êtes ce qu'étaient autrefois nos baillifs.

LE MAIRE.

Ah ! monsieur le Vicomte, vous vous rappelez qu'on se moquait de messieurs les baillifs. Rien ne compromet autant l'autorité. Vous savez ce que c'est en France. Il était bien important de relever la dignité des autorités locales.

LA COMTESSE.

Baillif ou maire, tant vaut l'homme, tant vaut la place. (*Le Maire sourit et fait une révérence.*)

LE COMTE.

Ne disait-on pas plutôt : tant vaut la place, tant vaut l'homme?

LA COMTESSE, *au Vicomte.*

Si vous entendez ces messieurs, on croirait qu'autrefois le monde n'avait pas le sens commun.

LE MAIRE.

Tant vaut la place, tant vaut.... je me trompe.

FATUTTO.

Vous dites bien, mosseu le Maire ; le vieux monde ne quittera pas sa peau.

FRANCHIMONT.

Je ne voudrais pourtant pas non plus, Madame, qu'on fît croire à mon beau-frère qui vient de l'autre Monde, qu'on a tout-à-fait perdu le bon sens dans celui où il vient de débarquer.

LA COMTESSE.

Voilà notre sage : écoutez-le seulement, vous saurez bientôt à quoi vous en tenir là-dessus.

LE VICOMTE.

J'écouterai tout le monde, et je m'instruirai.

FATUTTO.

Vous serez encore oune peu embarrassé : car, voyez-vous, pendant vingt ans, ce qui était soublime cette année, si vous l'aviez répété l'année d'après, vous vous seriez fait de messantes affaires.

EDMOND.

Il faut savoir se taire : plus je deviens vieux, plus je m'en tiens au système de la fatalité ; le monde va son petit train, et je le laisse faire. (*On rit.*) Oui, chacun voudrait le faire tourner à sa guise ; et, pour cela, on fait de beaux discours, de beaux livres. Eh bien ! retranchez les préambules convenus, et voyez ce qui reste.

LE VICOMTE.

Il s'échappe par-ci par-là quelque bonne vérité ; il est bon qu'elle ne soit pas perdue.

LE COMTE.

Le jeune homme vous a donné là sa mesure.

LA COMTESSE.

Je serais peut-être de l'avis du jeune homme.

LE MAIRE, *gravement.*

Un sage a dit, que s'il tenait la main pleine de vérités, il se garderait bien de l'ouvrir.

FRANCHIMONT.

Un autre sage a dit qu'il ouvrirait les doigts un à un.

LE VICOMTE.

Je m'en souviens ; ouvre donc tant soit peu le petit doigt.

FRANCHIMONT.

Quoi ! lorsque nos sages ont ouvert les deux mains, les dix doigts en l'air.

FATUTTO.

N'en auraient-ils pas caché quelques-unes sous le pouce?

LE VICOMTE.

Ce ne seront pas les moins curieuses ; voyons, mon sage cadet, il en est peut-être qui pourraient nous mettre tous d'accord.

FRANCHIMONT.

Tous d'accord ! le tour est un peu fort ; tu crois donc avoir retrouvé ton Comus ; mais si vous voulez, je ferai un essai. Le sujet vaut bien l'autre.

LA COMTESSE.

Ecoutons de toutes nos oreilles.

FRANCHIMONT.

Il est une vérité reconnue de tous les temps, c'est que ceux qui peuvent plus qu'il n'est permis, veulent toujours plus qu'ils ne doivent. (*Il s'arrête un moment.*)

LE COMTE.

Et l'application.

FRANCHIMONT.

Des aspirans au pouvoir, je crains donc beaucoup ceux

qui seraient assez forts pour se mettre impunément au-dessus des lois.

LA COMTESSE.

Toujours la profonde obscurité de notre oracle.

FRANCHIMONT.

Je dis assez forts : voyez si c'est le grand ou le petit nombre.

LE VICOMTE.

Quoi ! se mettre impunément au-dessus des lois ! Il faut que ce ne soit ni l'un ni l'autre.

LA COMTESSE.

Il faut que ce ne soit ni l'un ni l'autre ?

LE COMTE, *en s'asseyant.*

Il faut que ce ne soit ni l'un ni l'autre ?

EDMOND.

En grand publiciste, je dirai aussi : il faut que ce ne soit ni l'un ni l'autre.

FRANCHIMONT.

Ainsi, vous voilà tous d'accord : que voulez-vous de plus ?... A ce soir, j'ai dans ce moment une petite affaire. (*Il sort.*)

LE VICOMTE.

Tu nous fais des logogriphes, mais tu nous reviendras.

FATUTTO.

Mosseu le cevalier pense que nous parlons tous comé des livres.

LE MAIRE, *gravement.*

Il faut que ce ne soit ni l'un ni l'autre ; cependant je crois que, pour le salut de l'État, il faudrait augmenter le pouvoir de messieurs les maires.

EDMOND.

Voilà mon homme, il parle clair.

LE MAIRE.

Il est désagréable d'être continuellement tracassé pour des misères. On travaillerait avec une certaine aménité; mais la malveillance est là pour vous épier. (*Ce qui suit, le Maire le bredouille, à part lui, entre ses dents.*) C'est souvent un chien de métier.... c'est bien sûr.... je l'ai dit souvent... l'on en perdrait l'appétit.

EDMOND, *avec emphase, montrant le Maire.*

Après cela, enviez les grands!

LE MAIRE.

Et puis on se moque de vous. Monsieur, vous êtes encore jeune; je vous le dis, on est souvent bien embarrassé. (*Il se lève.*) Qui est-ce qui vous conseillera? vos adjoints?

LE VICOMTE.

Il me semble que les meilleurs adjoints des maires sont les lois...

LE MAIRE, *un peu déconcerté.*

Oui, mais voyez la malveillance, on interprète vos intentions; monsieur le Vicomte, croyez-le, je sais m'élever même au-dessus de ma place. Oui, ce n'est pas moi qui suis proprement le Maire de Quimperlé, c'est l'intérêt de mes administrés; c'est lui qui parle par ma bouche. On dira que je suis le Maire réel.

EDMOND.

Le Maire en chair et en os.

LE MAIRE.

Vraiment je viens de donner une place; c'est moi qui... Tout le monde ne comprend pas cela.

EDMOND.

Voilà vraiment une heureuse découverte.

LE MAIRE.

Cette belle fiction, on ne l'entend pas ; c'est comme qui dirait.... comme qui dirait....

EDMOND.

Que le Roi, l'Empereur, le vrai Sultan du monde, le Sultan invisible, c'est l'intérêt des gouvernés, autrement l'intérêt du peuple. Il est vrai que le Sultan visible fait couper les têtes.

LE MAIRE.

Je ne dis pas cela, je ne fais pas couper de têtes.

EDMOND.

N'importe, nous savons quel est le Sultan en droit, nous connaissons le vrai Sultan, le Maire invisible. (*Le Maire avait déjà tourné ses regards du côté de la porte, et il s'en va.*) Notre Maire a été sublime aujourd'hui; je donnerais beaucoup pour que mon cousin Adolphe eût assisté à la séance ; il aurait pu faire de beaux commentaires sur la profonde doctrine de monsieur le Maire.

LE COMTE.

Du moins il y aurait eu dans ses commentaires plus de bon sens que dans vos quolibets.

EDMOND.

Mais, mon père, je plaisante ; vous savez combien j'estime....

LE COMTE.

Je trouve vos plaisanteries fort déplacées ; prenez mieux votre temps. (*Le Vicomte prend un air sérieux.*)

LA COMTESSE.

Il aurait appelé à son secours monsieur Fi..... Fitche, ce monsieur qui m'a déjà écorché la gorge. (*Le Vicomte se lève.*)

LE COMTE.

Voilà un auteur bien jugé; mais tranquillisez-vous, Madame, monsieur Fitche est mort.

LA COMTESSE, *avec humeur.*

Peu importe : il serait fort heureux qu'on ne sût pas même le nom de vos grands hommes, ces régénérateurs du genre humain. (*Elle observe avec attention le Vicomte.*)

LE COMTE.

Ah ! nous y voilà.

LE VICOMTE. (*Il s'approche de son frère.*)

Pourquoi notre neveu n'est-il pas venu ? (*La Comtesse fait semblant de ne pas entendre, et prend ce moment pour s'en aller.*)

FATUTTO, *bas à Edmond.*

Sanzons de conversationne.

EDMOND.

Point du tout : qu'entendez-vous ? J'irai chercher moi-même mon cousin.

FATUTTO.

(*Haut, en continuant sur le ton de la plaisanterie.*)

Les bonnes gens, dans ce pays, s'embarrassent fort peu de deux ou trois soublimes illouminés. Pour moi, ze les écoutais sériousement : aussi disaient-ils que z'étais oun penseur.

LE COMTE.

Je vois moi, dans beaucoup de parties de ce pays, de fort bons exemples à suivre; ce sont nos petits cadets, mais ils font voir qu'on peut quelquefois s'entendre.

FATUTTO.

Du moins ils parlent tous ce crouel allemand.

LE VICOMTE, *au Comte.*

Renvoyez-les, j'ai à causer avec vous.

EDMOND.

Et nous, ne parlons-nous pas tous français? (*Fatutto observe toujours les deux frères.*)

FATUTTO.

Oui, oui, mais on dirait que non.

LE COMTE.

Messieurs, à revoir. (*Les deux frères se parlent à part.*)

EDMOND, *à Fatutto.*

Là, dites-moi, croyez-vous que tout ceci peut tenir en France?

FATUTTO.

Ah! (*C'est-à-dire il répond par un cri qui signifie que cela se pourrait bien. Edmond s'en va.*) (*A part.*) Si les trois frères s'entendaient! caso maledetto. Il est temps de mettre la main à l'œuvre. (*Il s'approche du Comte avec un air de mystère, lui serre la main et s'en va.*)

SCÈNE X.

LE COMTE, LE VICOMTE.

LE COMTE.

Que veut-il dire?

LE VICOMTE.

Il paraît que ce Monsieur est fort bien venu chez vous tous.

LE COMTE.

Il est fort attaché à la famille, et ma femme a beaucoup de confiance en lui.

LE VICOMTE.

Je me suis aperçu, pendant la conversation, que lorsqu'il pouvait rencontrer les yeux de ma belle-sœur, il lui faisait comprendre qu'il était tout-à-fait de son avis.

LE COMTE.

Il dit qu'elle a beaucoup d'esprit; mais il convient qu'elle est trop obstinée.

LE VICOMTE.

D'où vient donc cet éloignement qu'elle paraît avoir pour un jeune homme auquel tout le monde s'intéresse ?

LE COMTE.

Ma femme est entêtée de ses opinions. Elle ne souffre pas de contradiction, et le pauvre Adolphe croirait trahir sa conscience s'il faisait des concessions : il lui a tenu tête quelquefois, jamais elle ne le lui a pardonné; ce jeune homme n'a que des idées très raisonnables, mais il n'a pas d'usage. Pour ce qui est de ma femme, il faut l'avouer, elle est pétrie de préjugés ; il n'y a souvent pas moyen d'y tenir.

LE VICOMTE.

Et toi, es-tu plus conciliant ? Cela doit faire un joli ménage. J'ai à t'entretenir dans ce moment d'une chose qui me tient fort à cœur ; tu m'as dit qu'on avait le projet de marier Caroline au Marquis de Moncade ?

LE COMTE.

Ce n'est plus un projet, c'est une chose arrêtée. Nous attendons le Marquis au premier jour. Sur ce point, je suis d'accord avec ma femme.

LE VICOMTE.

Et qu'en pense votre fille ? Les jeunes gens ont-ils eu le temps de se connaître ?

LE COMTE.

Est-ce qu'elle vous a parlé de son mariage ?

LE VICOMTE.

Non ; mais l'ayant moi-même questionnée le premier à ce sujet, son silence m'en a appris plus qu'elle n'aurait pu m'en dire.

LE COMTE.

Je crois que vous vous trompez. Il y a deux mois, qu'en allant à son régiment, Moncade passa ici quelques jours ; elle le traita assez bien. Nous avions du monde, on se divertit beaucoup, et elle fut gaie comme à l'ordinaire ; d'ailleurs elle n'a vu personne, du moins depuis deux ans, qu'elle ait pu croire être fait pour aspirer à sa main. Je le saurais, j'espère.

LE VICOMTE.

Je soupçonne que ma belle-sœur y voit plus clair. Toujours vous avez décidé que votre fille épousera un homme qu'elle n'a vu que quelques instans.

LE COMTE.

J'ai pour principe de ne pas gêner les inclinations de mes enfans... Je trouverais pourtant fort singulier que ma fille refusât le meilleur parti qui soit à quarante lieues à la ronde. Il ne s'en présentera pas de semblable.

LE VICOMTE.

D'après ton principe, je te conseillerais d'y regarder d'un peu plus près, avant de conclure le mariage proposé que tu dis arrêté. Cependant Caroline se soumettrait à la volonté de ses parens, j'en suis sûr. Elle serait au désespoir de leur causer le moindre chagrin ; mais vous aimez votre fille.

LE COMTE.

Tu me surprends.

LE VICOMTE.

J'ai vu des larmes lui échapper.

LE COMTE.

Vous m'ouvrez les yeux. Est-ce qu'il y aurait eu de l'intelligence entre Caroline et Adolphe?

LE VICOMTE.

Il ne serait pas surprenant qu'il y eût eu de l'intelligence entre deux cœurs, l'un de dix-huit, l'autre de vingt ans, avant même qu'ils s'en fussent doutés.

LE COMTE.

Depuis quelque temps ils se voyaient très peu. Ma femme traitait assez mal le jeune homme qui se tint à l'écart.

LE VICOMTE.

En cela, elle le servait plus qu'elle ne pensait; sa petite cousine a dû sentir son cœur ému de compassion pour un jeune parent, d'ailleurs intéressant par ses bonnes qualités, et, sous le voile de la pitié, a pu facilement se glisser un sentiment plus tendre.

LE COMTE.

Adolphe au moins aurait dû respecter les intentions de son tuteur, de sa tante; elles lui étaient connues.

LE VICOMTE.

Vous êtes exigeant; lui avez-vous ordonné aussi d'être insensible? Le pauvre garçon a pu long-temps souffrir en secret, et croyez-vous que la petite rusée Caroline ne l'aura pas deviné? Allons, allons, il ne faut pas vouloir ce qui est impossible.

LE COMTE.

Alors tant pis pour lui, car il ne l'épousera pas; jamais ma femme ne souffrira que le fils, né d'un mariage qu'elle a réprouvé toute sa vie, devienne aujourd'hui son gendre; j'avoue aussi que j'y trouverais une certaine inconvenance.

LE VICOMTE.

Quoi! vous, mon frère? vous, qui avez secoué le joug des préjugés; vous, plein des clartés du siècle, foulant aux pieds ces maximes surannées, vous vous en rendriez esclave dans l'accomplissement des devoirs les plus importans d'un père de famille? Ah! mon frère!

LE COMTE.

Au fond, on ne peut empêcher qu'on ne soit ce qu'on est; pour cela, néanmoins, vous auriez tort de croire que j'agis en ceci par vanité. Je suis, Dieu merci, bien au-dessus des atteintes de cette faiblesse. Il n'y a pas six mois que j'ai mis à la porte un nouveau domestique, excellent sujet d'ailleurs, qui m'avait appelé Monseigneur. Sans ces sottes habitudes, on ne m'appellerait même plus monsieur le Comte. J'ai formellement déclaré que je ne le voulais pas. Aussi j'ai manqué de faire un procès en calomnie à certaines gens qui, par malice, s'obstinaient à me donner une qualification à laquelle j'avais renoncé pour faire hommage aux principes.

LE VICOMTE.

Je vous écoute, mon frère, avec admiration.

LE COMTE.

Vous avez tort, cela ne m'a pas coûté le moindre effort.

LE VICOMTE.

Je vois que votre Italien aujourd'hui, pendant le déjeuner, a donné une idée assez juste d'une révolution, en la comparant entre autres à un bal masqué, où les arrivans changent à tout moment de costume et de masques pour ne pas être reconnus.

LE COMTE.

On lui passe ses bouffonneries, je m'en amuse quelquefois.

LE VICOMTE.

Eh bien ! mon frère, je vais vous étonner ; moi, qui me réveille, non pas au bout de sept ans comme l'ancien dormeur, mais après un sommeil de vingt-cinq ans, forcé de sauter à pieds joints un siècle de lumières, je me crois assez fort pour vous prouver que si votre neveu a les qualités qu'on lui reconnaît, si les sentimens de votre fille pour lui sont tels qu'on peut le supposer, vous devez en père raisonnable la lui donner.

LE COMTE.

Je vois que vous ne m'avez pas bien compris.

LE VICOMTE.

Si fait, très bien ; nous en causerons après, et croyez que je ne ressasserai pas pour cela tous ces lieux-communs, la plupart du temps, en ceci comme sur d'autres choses, appliqués à tort et à travers.... (*Lorsqu'ils sortent, le Vicomte s'arrête, et dit à son frère.*) Le rapprochement des états doit avoir étendu le cercle des convenances sociales. Vous en conviendrez.

SCÈNE XI.

LA COMTESSE, *vivement agitée*, FATUTTO.

FATUTTO.

De grâce, madame la Comtesse, ne vous emportez pas; pourquoi précipiter l'affaire?

LA COMTESSE.

Il faut confondre ces entêtés. Ah! qu'ils sont... mais... que dira notre philosophe? Voilà donc ce jeune homme, si plein de franchise, d'une conduite si exemplaire, qu'on proposait aux autres jeunes gens pour modèle!

FATUTTO.

Mosseu le Comte et mosseu votre beau-frère croiront que ze veux beaucoup de mal à mosseu Adolphe.... ze ne l'excuse pas, non; mais tout le monde ne sait pas combien ze suis attacé à la famille. Veuillez attendre oun peu le lendemain, il a souvent donné de bons conseils.

LA COMTESSE.

Le trait ne suffit-il pas encore? Ne fait-il pas assez connaître cet hypocrite?... et il oserait?...

FATUTTO.

Ze comprends; mais mademoiselle Caroline est fort aimable, et c'est oun jeune homme; il faut avoir un peu d'indulgence ; ne suffit-il pas d'être averti et d'être sur ses gardes ?

LA COMTESSE.

Ma fille ! elle aurait pu concevoir l'idée... Vous feriez bien de vous taire. (*Elle fait un mouvement pour entrer chez son mari.*)

FATUTTO.

Prenez garde, Madame, à une circonstance. (*La Comtesse s'arrête.*) Il n'est pas dit positivement dans la lettre qu'il ait fait oune promesse de mariage.

LA COMTESSE.

Vous avez fort mal lu.

FATUTTO.

Ze devrais peut-être vous contredire ; mais vous vous fâcez.

LA COMTESSE.

(*Elle tire la lettre de sa poche, et lit.*)

Sa fuite clandestine prouve assez sa mauvaise foi. (*Elle s'impatiente, et marche vers la porte.*)

FATUTTO. (*Il réfléchit.*)

Et puis les antécédens... Plus j'y pense, moins ze comprends ce zeune homme : il semblait que la candeur parlait par sa bouche.

LA COMTESSE.

Cela vous étonne, vous croyez qu'il n'y a, comme autrefois, que les chevaliers d'industrie qui sachent leur métier.

FATUTTO.

Laissons cela. Ze pense à la bonne mademoiselle Caroline. Oh ! Madame, ze lui rends zustice comé vous ; elle vous respecte. Ze voudrais pourtant que vous hâtiez le mariage avec le Marquis. On prend son parti, on se console, voyez-vous, quand il n'y a plus de remède.

LA COMTESSE.

Le fourbe ! (*Elle sort.*)

FATUTTO. (*Il continue de lui parler.*)

Seulement oun peu de modérationne.... Elle est fourieuse, et puis elle est encore bien aise qu'on le croie. Ce sera un beau tapaze.

FIN DU TROISIÈME ACTE.

ACTE IV.

SCÈNE PREMIÈRE.

PASQUIN, JOHN, *Domestique du Vicomte.*

PASQUIN.

Monsieur le Comte m'a bien recommandé d'avoir soin de vous. C'est un bien long voyage de l'Ile-de-France à Quimperlé. J'ai pensé rendre l'âme pour avoir fait une promenade en mer jusqu'à Lorient. J'étais malade comme un chien.

JOHN.

Malade! oh! bien fasché.... Por nous, faire le tor du monde avec du porter, du bon porter, oui, et du bœuf salé... Ah! vous ne l'aime pas.

PASQUIN.

J'ai meilleur appétit, quand ma chaise ne branle pas sous moi; laissez faire, nous vous donnerons bien aussi du bon porter sans courir les mers.

JOHN.

Goddem! nous ne vient pas en France por boire du porter; j'aime plus quatre boutel de vin qu'un de porter.... je dis un boutel de clairet que....

PASQUIN.

Que quatre bouteilles de bière?

JOHN.

Vous dévine; mais doublez les doux. Nous rester en

France ; goddem ! si je suis mort, un déjeuner comme ajord'hui, il me.... (*John fait des gestes quand le mot ne lui vient pas.*)

PASQUIN.

Rendrait la vie.

JOHN.

Yès.

PASQUIN.

Je fais assez bien les honneurs de l'office. (*A part.*) Je voudrais le faire jaser un peu... (*Haut.*) Nous autres Français ne savons d'autre langue que celle que notre nourrice nous a apprise.

JOHN.

Je comprènnons vous et moi bien.

PASQUIN.

Du premier moment que je vous ai vu, j'ai pris de l'affection pour vous. Vous avez une bonne physionomie.

JOHN.

Vous connaît la physionomie : il trompe.

PASQUIN.

Votre maître est donc bien riche ? quel brave homme que cet associé ! Qu'on dise encore que le monde est démoralisé. A-t-on jamais vu de plus beau trait ? Quelle probité ! J'ai du respect pour un pareil homme. Votre maître a bien trois millions.

JOHN.

Il est bien beaucoup.

PASQUIN.

Il a du moins cent mille livres de rente.

JOHN.

Cent mille livres sterling ?

PASQUIN.

Oh ! non , de France.

JOHN.

Votre livre , il n'est pas beaucoup pesant... Mais monsieur Vicomte , il ne me dit jamais.

PASQUIN.

On fait de grandes affaires dans l'Inde ; j'y passerais volontiers quelques années pour me faire nabab.

JOHN.

Moi , je vivre douze ans au pays... Chaque année, quand il finit , je pense qu'il est trop peu pour garder , et je mangé tout.

PASQUIN.

Ah ! mon ami , je vois que c'est tout comme chez nous. Pour rassembler les premiers mille écus , il faut travailler comme à la rame. Quand on aurait par an dix ou douze mille francs de mémoires à payer , c'est bien peu pour un honnête homme.

JOHN.

Un million , il attrape d'autres millions.

PASQUIN.

Des millions ! ah ! mon Dieu , le bon temps est passé.

JOHN.

Mon maître , bon , généreux. Contentement , il est argent.

PASQUIN.

Il paraît que c'est un homme bienfaisant. Mademoiselle

Caroline a trouvé-là un parrain comme il y en a guère. Il faut qu'il marie sa filleule. Nous avons un mari tout prêt.

JOHN.

Je suis beaucoup bien aise.

PASQUIN.

Je vous ai déjà dit que je me marie aussi, et nous aurons deux noces pour une, vous danserez à la mienne.

JOHN.

Je bois à la santé de la femme de mon ami, volontiers de tout mon cœur. Goddem! vous êtes heureux! Vérely, un belle femme, l'ami di your maître...

PASQUIN.

Monsieur le Vicomte ne reconnaîtra plus la France... la France régénérée.

JOHN.

Un nouveau Franche? why? Il n'est pas de bon clairet por la Franche autrefois?

PASQUIN.

A la bonne heure... Mais vous qui venez de l'empire du grand Mogol, de ces pays de l'esclavage.

JOHN.

Le grand Mogol, il être enterré en Angleterre.

PASQUIN.

Qu'est-ce que vous dites?

JOHN.

Yès.

PASQUIN.

Je ne savais pas cela; c'est manquer à une grande puissance que de ne pas lui faire part d'un pareil événement. Passons là-dessus. Mais enfin ne vous êtes-vous pas senti l'âme s'élever en respirant l'air de la terre de la liberté. (*On sonne, Pasquin fait un mouvement brusque pour aller voir.*)

JOHN.

Qu'avez-vous ?

PASQUIN.

On sent aujourd'hui en France la dignité de l'homme. (*On sonne encore, mais deux fois. Pasquin fait encore un mouvement, mais il reprend aussitôt son maintien.*) On appelle un domestique. Oui, mon ami, l'homme s'est fait jour enfin à travers cette enluminure ancienne et mensongère qui déguisait les uns, et sous laquelle les autres cachaient leur nullité.

JOHN.

Oh !... mais dis-moi...

PASQUIN.

Quoi ?

JOHN.

Je suis beaucoup curieux ; je voyage de l'Ile-de-Frenche avec doux camarades.

PASQUIN.

Avec douze camarades ?

JOHN.

No... doux comme ça. (*Il lève et montre le pouce et l'index.*) Un Englisman, il est un radical, goddem, comme il jeure ; l'autre, il est Francheman, il est... il est... (*Il cherche le mot et fait des gestes.*)

PASQUIN.

Libéral, sans doute?

JOHN.

Yès, encore autrement, il est beaucoup savant. Ah ! le

Frencheman il est un brave homme. Tous les jours il explique à moi. J'écoute volontiers, mais je comprenne pas.

PASQUIN.

Passez six mois en Europe, vous comprendrez, vous connaîtrez la nature des choses, la force des pentes, et vous verrez la doctrine en action. Il est vrai que souvent les effets se font trop attendre au gré de l'impatience de l'observateur ; souvent même les résultats semblent démentir la prévoyance, tromper les calculs ; mais dans le monde moral, comme dans le monde physique, qui connaît tous les ressorts de la nature ? Que font, après tout, quelques centaines d'années dans l'immensité des siècles ?

JOHN.

Monsieur Pasquin il être un grand savant.

PASQUIN.

N'y a-t-il pas eu déjà une lacune couverte de ténèbres de plus de deux mille ans ?

JOHN.

Je comprenez.... (*Il gesticule.*)

PASQUIN.

Ah ! n'est-ce pas mon ami ?

JOHN.

Je comprennez que je comprenné rien. Mais écoute, écoute, j'ai veu un peinteure printed dans la rue au coin.

PASQUIN.

Chez ce marchand de caricatures, là au coin de la rue ?

JOHN.

Yès... je crois je comprennez mieux, mais vous explique à moi.

PASQUIN.

Voyons ce que c'est.

JOHN.

Il est un homme... voyez, il est aveugle, un bande couvert les yeux; un bras comme ça. Je crois il est fracassé. Ah! j'oublie une jambe de bois. On jette en l'air. Trois gentilmens tirent, tirent. Il tombe sur un coverture.

PASQUIN.

C'est un homme qu'on berne, ce sont des bêtises.

JOHN.

Pas... pas des bêtises, vous connais John Bull? Goddem, il est lui.

PASQUIN.

Mon ami, seriez-vous un peu malin?

JOHN.

John, il est un peu maigre.

PASQUIN.

C'est John Bull après carême.

JOHN.

Mais le gentilmen il saute bien.

PASQUIN.

J'ai vu ce que c'est... N'est-ce pas, le grand homme maigre avec cette longue taille, le chapeau à trois cornes, a vraiment une plaisante figure?

JOHN.

Le chapeau rond, il regarde en dessous; mais il tire comme une diable.

PASQUIN.

Laissons ces bêtises.

JOHN.

Le gros Monsieur il vous plaît pas? Celle-là, il a un bon figeure.

PASQUIN.

Fi donc, il ne prend jamais conseil que de son ventre.

JOHN.

Pourquoi pas? (*Il se frappe deux fois sur le ventre.*) Goddem! il est un gentelmen qui n'est pas bête. Il est mon ami inséparable. Il faut tojors parler à lui.

SCÈNE II.

JACQUES ET LES PRÉCÉDENS.

JACQUES.

Mon camarade, je ne savais ce que vous étiez devenu.

PASQUIN.

Sachez qu'il n'était pas fort nécessaire que vous le sussiez.

JOHN.

Le camarade, il veut connaître son monde aussi.

JACQUES, *à l'oreille à John.*

N'écoutez pas cet enjoleur, il vous mènera plus loin que vous ne voulez.

JOHN.

En mon pays, nous mener les bêtes.

PASQUIN, *à John à l'oreille.*

Vous n'êtes pas fait pour être dans la société de cet homme : il fait l'important, parce qu'il a l'honneur insigne de porter la queue de madame la Comtesse (1).

---

(1) A une lecture qui se fit devant quelques amis de l'auteur,

(*Il rit. Puis haut , en se moquant de Jacques.*)

Mons Jacques , que voilà , regrette l'heureux temps
Où pleins de zèle à jeun nos trop heureux manans
Battaient l'eau du fossé jusques à perdre haleine,
Pour châtier comme il faut cette race inhumaine
Dont et soir et matin les quacquacs insolens
Troublaient le doux sommeil de dame Châtelaine,
Et même quelquefois lui donnaient la migraine.

JACQUES.

Quacquac toi-même. Oui ; mais ceux chez qui , dans le

---

on blâma les tirades en vers débitées dans une comédie en prose : il passa condamnation, sans même alléguer pour sa défense, qu'un pareil mélange était consacré dans un autre genre; il sentait qu'il y a du moins compensation, et qu'il n'en avait qu'une bien faible à offrir.

Le fait est que l'auteur n'avait pas su comment s'y prendre pour peindre à son gré, d'une manière assez comique, les exagérations, trop communes dans les partis extrêmes, et voilà aussi pourquoi il restitue dans une note le colloque en vers, car on sait bien que les vers, même médiocres (ceux dont il s'agit sont du nombre), font souvent ressortir le trait comique.

Pour sauver le reproche d'invraisemblance qu'on aurait pu fonder sur la qualité d'illétré d'un des interlocuteurs, Pasquin disait à John, en parlant de Jacques : « Ecoutez-le aujourd'hui ou dans six mois, il vous dira son bréviaire qu'il a appris par cœur. » Et, après le couplet de Pasquin, Jacques répondait ainsi qu'il suit :

(*D'un ton lamentable.*)

Mons attend le retour du temps si regrettable
Où, hurlant en chorus avec le souverain,
Sa Majesté Pasquin avec un soin aimable
Elle-même faisait le réveille-matin,
Mais sans qu'il fût besoin d'y voir le lendemain.

bon temps, mons Pasquin faisait le réveille-matin, étaient guéris de la migraine pour toujours.

PASQUIN, *à John.*

Les temps n'ont pas changé. Entre nous autres honnêtes

PASQUIN, *avec dignité.*

Laissons ces vains propos : un noble feu m'enflamme,
La sainte cause embrase et me consume l'âme.
Pussé-je à tous les cœurs inspirer cette ardeur !
Mais l'ennemi nous cerne, et tout n'est que froideur.
Dans un si grand danger je fais piteuse mine.
En vain je me trémousse, et crie et piétine,
En vain je montre au doigt la conspiration,
Je vois assassiner la civilisation.
Volons à son secours, volons, sauvons le monde!

JACQUES.

C'est avec ces longs mots qu'ils attrapent le monde ;
Nous y mettrons bon ordre, et patience un peu,
Le fer est sur l'enclume, il faut souffler le feu.
Notre drap est coupé, nous n'avons plus qu'à coudre.

(*On se rappellera ce trait. Jacques s'échauffant tire John par le collet.*)

PASQUIN.

Vous l'entendez.

JOHN.

Je sens Monsieur, il me découdre.

PASQUIN.

(*Citation.*)

Vous l'entendez : voyez quels maux nous sont offerts.
J'entends dans les prisons river de nouveaux fers;
Que de pères, hélas ! ravis à leurs familles !
Plus de pain pour les fils, plus de dots pour les filles.
Tel autour d'un cadavre un tigre redouté
Se promène insolent de son impunité ;

gens, on peut se dire tout ; sachez donc qu'ils sont, qu'ils seront ce qu'ils ont été il y a mille ans.

JACQUES.

Oui, si tu vivais mille ans, tu ne serais toujours qu'un menteur.

La vengeance a compté ses anciennes victimes,
On veut tête pour tête, on veut crimes pour crimes.

(*Jacques ne comprend pas bien cette prosopopée, et se cache derrière John.*)

JACQUES.

Aie, aie, il me fait peur; sauvez moi, je vous suis,
Je vois déjà le tigre échappé de sa cage.
(*D'un ton piteux.*)
Conduisez-moi de grâce en quelque bon pays,
Où le monde content, suivant l'antique usage,
Sagement mange en paix son pain quotidien.
Nous dînons à l'office, au moins nous dînons bien.

PASQUIN.

Allez, allez, partout vous verrez même train;
Le pauvre genre humain, dépouillé sans partage.
(*D'un ton solennel.*)
Du Bosphore abruti jusqu'aux rives du Tage. (*Voyez le reste du couplet, page 117.*)

JACQUES.

Il nous le bâille bon; je sais mieux ce qu'il pense.
Voici ce grand secret: dans leur folle espérance,
Nos frères et amis ont reconquis la France.
(*D'un ton lamentable.*)
Ah! que dans sa bonté veuille la Providence
Préserver nos neveux de semblables revers.
Partout on ne verra que d'horribles déserts.
Nos vignes gèleront.

JOHN.

No.

PASQUIN, *toujours à John.*

Écoutons sur ce point un savant de notre âge :
(*D'un ton solennel.*)
Du Bosphore abruti jusqu'aux rives du Tage,
Le boyard esclavon, sarmate ou allemand,
Espagnol, Portugais, voir en Suisse, en Braband,
Ne rêve que champart et corvée et main-morte.
A cela plut à Dieu qu'il bornât son souhait;
Il a tout envahi, mais n'est pas satisfait.
Apprenez jusques où sa rage le transporte.
Un diplomate gros de plus d'un grand secret
Qu'il annonce à la terre, et lui cache à regret,
Daigna nous révéler dans sa haute sagesse,
Qu'ennemi furibond de toute humaine espèce,
L'oligarque allemand, par de secrets motifs,
Fit entonner l'hep! hep! le cri de mort des juifs.

(*Pasquin parcourt un côté du théâtre, et, tout essoufflé, s'essuie le visage.*)

JOHN, *à Jacques.*

Mon ami a la fièvre. (*Il va lui tâter le poulś.*)

JACQUES.

Bah! bah! c'est un enragé; si vous l'écoutez, il vous en dira bien d'autres. (*D'un ton lamentable.*) Ah! mon ami, depuis quelque temps nous voyons tant de choses, que j'ai

---

JACQUES.

Pour franche repue,
Nous n'aurons plus que l'herbe à brouter dans la rue.
Ces fléaux aujourd'hui menacent l'univers.
Nous verrons, j'en frémis, notre machine ronde
A des monstres en butte, enfans nés des enfers,
Après tout l'Ante-Christ, et puis la fin du monde.

peur que nous n'en ayons plus pour long-temps dans ce pauvre monde.

JOHN.

Le monde il finira ? No, je prie por quarante ans.

JACQUES.

Voilà déjà l'espion de l'Ante-Christ. Commençons par assommer celui-là. (*Pasquin se redresse, et le regarde avec dédain.*)

SCÈNE III.

LAVISÉ ET LES PRÉCÉDENS.

La paix, la paix, mes bons amis. (*Pasquin et Jacques encore échauffés de la querelle font des salutations répétées.*) Auriez-vous quelque différend ? Notre bon et respectable Maire vous mettra d'accord : toujours il prêche la modération, la concorde, et, par l'aménité de ses manières, il a trouvé le moyen, vous le savez, de se concilier la bienveillance de tout le monde.

PASQUIN, *avec prévenance.*

Monsieur, qu'est-ce qu'il y a pour votre service ?

JOHN.

Il est le Maire.

PASQUIN.

Non, mais monsieur Lavisé est un grand ami de monsieur le Maire.

LAVISÉ.

Monsieur le Comte, Madame....

PASQUIN, *en l'interrompant, et à part.*

Dites à monsieur le Maire que je lui suis entièrement dévoué.

LAVISÉ.

Monsieur le Comte, madame la Comtesse.....

JACQUES.

(*En l'interrompant aussi, et le tirant à part.*)

Comment se porte madame l'épouse, le petit Benjamin et Cocotte?

LAVISÉ.

Voici des lettres d'invitation de la part de monsieur le Maire, pour monsieur le Comte, madame la Comtesse, monsieur le Vicomte.

PASQUIN.

Monsieur le Maire nous fait beaucoup d'honneur. (*A l'Avisé à part.*) Je ne serai pas ingrat; on sait vivre.

LAVISÉ.

Quand j'oblige quelqu'un, c'est sans intérêt.

JACQUES, *aussi à part.*

Quand je serai votre camarade, nous boirons chopine ensemble.

LAVISÉ, *se tournant vers Pasquin.*

Monsieur le Maire et Madame son épouse ne voulaient pas se faire un ennemi de Monsieur le Comte (*bas à Jacques*), ni de Madame la Comtesse.

JACQUES.

Vous tournez bien autour du pôt.

PASQUIN.

Dites nettement la chose à ce benêt.

LAVISÉ, *avec assurance.*

Oui, Monsieur Jacques, je dois vous l'avouer, j'ai été singulièrement surpris de trouver ce matin, vous savez bien (*avec un air benin*), mon brevet; je l'ai trouvé, vous ne devinerez pas ?

JACQUES.

Vous l'avez trouvé ?

LAVISÉ.

Dans une des poches de mon habit, sur beau parchemin. Les bontés de Madame me touchent; car c'est bien elle...

PASQUIN.

Il fait le plaisant, je crois.

JACQUES.

Mais le fourbe ne plaisante pas. (*Lavisé, avec un air bonasse, les regarde l'un après l'autre.*)

PASQUIN.

Est-ce que votre place ne vous suffisait pas ?

LAVISÉ.

Monsieur le Maire a voulu que je cumulasse.

PASQUIN.

J'en suis révolté.

LAVISÉ, *se tournant vers Jacques.*

Que je cumulasse.

JACQUES.

Va-t-en, ou tu cumuleras quelques coups de poing. (*Il le jette sur Pasquin.*) Que je cumulasse... cumulassier.

LAVISÉ *à Pasquin.*

Vous êtes justes; il faut obéir à ses supérieurs.

PASQUIN.

Si je ne me respectais. (*Il le jette avec colère sur Jacques, à qui il marche sur les pieds.*)

JACQUES, *lui donnant un coup de poing.*

Tiens, cumule encore celui-là.

LAVISÉ.

Vous savez que j'ai des enfans.

PASQUIN, *lui montrant ses deux poings.*

Je perds patience. (*Il le jette encore sur Jacques.*)

LAVISÉ.

Monsieur et Madame étaient d'accord pour que je cumulasse. (*Jacques lui donne encore un coup de poing...*) Monsieur Pasquin...

PASQUIN.

Va-t-en au diable.

LAVISÉ.

Messieurs, vous n'oublierez pas les lettres d'invitation. (*Il sort.*)

SCÈNE IV.

CAROLINE, LISETTE, JOHN. (*Pasquin et Jacques se sauvent.*)

LISETTE *à John.*

Quel tapage! Pourquoi se querellent-ils?

JOHN.

Je comprenne d'abord, que pour rendre heureux l'un camarade il faut pendre l'autre. Mais voilà dans un minute les deux sont bons camarades pour assommer cet autre gentilmen, le grand ami de Monsieur le Maire.

LISETTE.

Pourquoi? Allez, nous verrons ce que c'est.

JOHN.

Je comprenne que l'ami est malin, qu'il attrapez tous les deux.

LISETTE.

Allez, je viendrai tout-à-l'heure. (*John s'en va.*)

SCÈNE V.

LISETTE, CAROLINE.

CAROLINE.

Non, Adolphe ne sera jamais plus rien pour moi; mais ce n'est pas une raison pour qu'on le maltraite ici. Quel mal leur a-t-il fait? Ne dirait-on pas à présent que tous eussent été d'accord pour lui donner ma main, et qu'il les eût indignement trahis.

LISETTE.

Vraiment, on agit bien durement à son égard.

CAROLINE.

Je sens pour moi, et je n'ai chargé personne de ma vengeance. Les titres de neveu, de cousin, de tuteur, d'orphelin, ne sont plus rien aux yeux de personne. Je ne le verrai plus; mais il est malheureux, et je ne veux pas que tout le monde se décharge sur lui des sentimens d'aigreur qui empoisonnent ici tous les cœurs.

LISETTE.

C'est un jeune homme perdu.

CAROLINE.

Je parlerai à mon père.

LISETTE.

Je ne vous le conseille pas; il croirait que c'est pour

une toute autre raison que vous êtes venue intercéder pour lui. (*Caroline semble réfléchir, et garde le silence.*) Voyez avant ce que dira Monsieur le Vicomte. (*Caroline s'assied tandis que Lisette sort en faisant entendre par des signes qu'elle ira l'avertir.*)

SCÈNE VI.

CAROLINE, PUIS LE VICOMTE *sans être vu.*

CAROLINE.

(*Elle reste un moment absorbée dans ses réflexions.*)

Heureuse la femme qui, dans le choix qu'elle doit faire de l'homme dont dépendra son sort pour le reste de ses jours, a eu le bonheur de bien rencontrer... Qu'elle est donc vaine cette étude des cœurs si souvent impénétrables! Serait-il vrai que nous sommes condamnées à ne devoir qu'à la dissimulation et à la ruse ce qu'il serait si doux d'obtenir d'une confiance mutuelle? Adolphe, pourquoi m'avez-vous trompée?.. Et que pourra cette adresse tant vantée dont on nous fait un besoin, lorsque les illusions qui, pour quelque temps, mettent le maître à nos pieds, seront détruites? (*Le Vicomte entre dans ce moment sans que Caroline s'en aperçoive.*) Adolphe! Adolphe! pourquoi m'avez-vous trompée? (*Caroline se lève.*) Quel eût été mon bonheur d'offrir à mes parens le spectacle d'une union fondée sur cet accord d'opinions et de sentimens, sans lequel il n'est pas de véritable amitié. (*Avec plus de douleur.*) Ah! Adolphe, pourquoi m'avez-vous trompée?

LE VICOMTE, *en s'avançant.*

Ma chère Caroline, votre jugement est trop précipité. Un autre ne vous aurait probablement pas fait mystère de sa conquête. Il en aurait fait trophée, et il aurait au surplus arrangé les choses comme il aurait voulu.

CAROLINE, *d'un ton calme.*

Alors, mon cher oncle, je n'aurais pas aujourd'hui des torts à me reprocher.

LE VICOMTE.

Pour ce qui est de vos torts, j'espère en obtenir le pardon. Il s'agit à présent de la conduite de mon neveu. J'ai bien réfléchi à tout; je suis sûr qu'il n'a pas fait de promesse de mariage. On conçoit facilement que cette personne ayant eu pendant plusieurs années des rapports continuels de société avec un jeune homme intéressant, ait pris du goût pour lui. Sa famille, qui lui voyait de l'aisance, et qui même le croyait riche, aura conçu des espérances conformes à ses désirs, et voilà tout.

CAROLINE.

Avant le marquis, il s'était déjà présenté d'autres partis, et j'en avais détourné mes parens. J'ai toujours été effrayée de l'idée de renoncer aux affections de toute sa vie pour n'être plus à soi; mais tout entière devenir le bien d'un homme qu'on connaît à peine.

LE VICOMTE.

Ma chère Caroline, j'entre dans tes sentimens, et c'est avec le plus vif intérêt. Ton imagination s'était remplie de douces illusions, et tu supportes avec peine la seule idée qu'il fût possible d'avoir été abusée. La tête de ce jeune homme paraît être fort exaltée; cela, ma fille, est contagieux à un certain âge : entends-tu ? Enfin, d'après ce que m'a dit d'abord Franchimont, et ensuite mon frère aîné, du caractère d'Adolphe, j'affirme qu'il est incapable de fraude. Tout s'éclaircira, et s'il fallait que je fisse un voyage sur les lieux pour connaître l'exacte vérité, je ne balancerais pas.

CAROLINE.

(*Il paraît qu'elle n'est pas fâchée d'entendre cela.*)

Ah ! mon cher oncle, je ne mérite pas tout ce que vous faites pour moi.

LE VICOMTE.

Après tout, serait-ce une chose si étonnante que cette personne, peut-être fort adroite, eût fait un moment quelqu'impression sur un jeune homme qui n'a jamais eu aucun commerce de ce genre ? (*Il voit que Caroline écoute avec plus d'attention.*) J'entends... qu'il se soit plu dans la société de cette personne.

CAROLINE.

Il l'a aimée, soit, mais il a eu tort de nous cacher ses sentimens. Il ne l'a pas nommée une seule fois.

LE VICOMTE.

Sois tranquille : si Adolphe n'était pas digne de ma Caroline, il ne l'aurait pas.

CAROLINE.

(*Avec une apparence d'indifférence.*)

Est-ce que les premiers amours s'oublient si facilement ? (*Plus vivement.*) Ah ! mon cher oncle, ne cherchez pas à combattre une résolution qui ne peut être changée. (*Avec une émotion qu'elle veut cacher.*) Alors, je serais tranquille.

SCÈNE VII.

LA COMTESSE ET LES PRÉCÉDENS.

LA COMTESSE.

(Elle parle dans la coulisse.)

Le vicomte est-il retourné dans son appartement?

CAROLINE.

J'entends ma mère. (*Plus bas.*) Songez qu'il sera assez puni peut-être... (*Elle s'échappe.*)

LE VICOMTE.

Pauvre enfant!

LA COMTESSE.

Je vous cherchais, mon frère. Mon mari vient de me dire que vous éleviez des doutes sur ce qu'on vous a dit de Saint-Preux. Je ne le conçois pas.

LE VICOMTE.

Pourquoi? on doit réfléchir un peu avant d'asseoir son opinion, lorsqu'il s'agit de juger un homme: et que sera-ce lorsque de ce jugement dépendra en quelque façon le sort de cet homme, et si de plus il s'agit d'une personne qui nous touche de près, et qui ne peut nous être indifférente?

LA COMTESSE.

Hé! mon Dieu, je consens qu'il jouisse de tout le bien du monde, pourvu que ce soit bien loin de nous. Pour cela, j'ai plus d'une bonne raison.

LE VICOMTE.

C'est notre neveu.

LA COMTESSE.

Si vous voulez.

LE VICOMTE.

Comment? pour cela oui, je le veux.

LA COMTESSE.

(*Sentant qu'elle s'est trop emportée, prend un ton modéré.*)

Je conçois que n'ayant jamais vu ce parent, vous ne croyez pas devoir vous presser de former une opinion sur ce qui le regarde. Je veux que l'affaire soit bien éclaircie. Ah! voilà Monsieur Fatutto. (*Celui-ci fait semblant de vouloir se retirer.*)

SCÈNE VIII.

FATUTTO ET LES PRÉCÉDENS.

LA COMTESSE.

Restez, Monsieur. Mon frère désire vous entretenir; vous ne pouvez venir plus à propos. (*Au Vicomte.*) Examinez tout vous-même; voyez bien. (*Fatutto s'éloigne en les observant. La Comtesse sort du côté où il se trouve, et lui jette en passant un coup-d'œil très significatif.*)

SCÈNE IX.

FATUTTO, LE VICOMTE.

FATUTTO.

(*Il fait une révérence.*)

Sans doute, Mosseu le Comte m'a fait appeler pour me parler de l'affaire de Mosseu Adolphe. Z'en suis bien aise, car Madame la Comtesse prend les soses un peu vivement.

LE VICOMTE.

En effet, mon frère vous attendait pour cela. Je vous

confesse, de mon côté, qu'après ce qu'on m'avait dit du caractère de mon neveu, son aventure avec la famille allemande me paraît bien singulière.

FATUTTO.

Ze vous assure, ze ne pouvais croire ce que ze lisais; Mosseu Adolphe s'est touzours montré si pleine de francise; z'ai lu et relou six fois, ze n'y croyais pas encore; z'ai gardé huit zours la lettre sans la montrer. Cependant la personne qui m'écrit est oun bien honnête homme, ze vous l'assure, Mosseu le Vicomte. (*Celui-ci garde le silence, ce qui commence déjà à embarrasser un peu Fatutto.*) Ze vous assoure que c'est un brave homme... Quand je fus à Gottingue, z'avais bien entendu dire qu'oun Français était lozé sez un habitant fort estimable qui avait une demoiselle assez zolie, mais ze n'y fis pas la moindre attenzionne.... Vous avez sans doute, Mosseu le Vicomte, lu la lettre: qu'en pensez-vous?

LE VICOMTE.

Et vous?

FATUTTO.

Moi!... Vous connaissez le cœur humain; vous êtes un homme zoudicieux... Il est certains penchans... un zerme qui reste cacé, et se développe quand la situazionne... (*Le Vicomte tient toujours les yeux fixés sur Fatutto, qui s'en aperçoit; et lorsqu'à la dérobée celui-ci jette un regard sur le Vicomte, il est embarrassé et ne finit pas sa phrase.*) Voulez-vous relire la lettre?

LE VICOMTE.

Je l'ai lue avec attention.

FATUTTO.

Z'ai été pluzieurs zours à délibérer si ze répondrais; enfin z'ai écrit, et z'ai fait des questionnes, oui des questionnes; cependant ze ne pouvais encore me décider à montrer la lettre, tant cette affaire me faisait de peine. Madame la Comtesse me voyait pensif, et elle me demanda brusquement ce que z'avais; elle remarqua mon embarras; vous ne savez peut-être pas que Madame la Comtesse m'honore de son amitié; ze craignais ses reprosses, enfin ze rompis le silence.

LE VICOMTE.

N'auriez-vous pas mieux fait de parler, en premier, à mon frère?

FATUTTO.

Vous avez raison, ze n'étais pas hors de la maison que ze le compris commé vous.

LE VICOMTE.

Après tout, ne pourrait-on pas croire que la famille de la demoiselle ayant appris que notre neveu jouissait d'une certaine fortune...

FATUTTO.

Vous avez raison, oui, ils auront fait prendre des informationnes sous main.

LE VICOMTE.

(*Après un moment de silence.*)

Hé bien, il se peut aussi que voyant leurs espérances trompées, ils aient voulu du moins se venger.

FATUTTO.

Vous avez raison, z'avais fait des reflexionnes... ze suis

courieux de voir ce qu'on me répondra ; car z'ai fait des observationnes... nous verrons.

LE VICOMTE.

Savez-vous que le père a attendu bien long-temps pour réclamer les droits de sa fille ?

FATUTTO.

Vous avez raison. Voyez-vous, il aura voulu prendre des informationnes sur la fortune, *et cætera, et cætera*.... C'est cela. Vous avez mille fois raison. Il est des hommes intéressés, intrigans... Cependant la personne qui m'écrit est un bien honnête homme ; elle aura été trompée à un certain point ; car il y a eu quelque sose. Monsieur Adolphe n'a pas été sincère, ze suis fâché de devoir en convenir.

LE VICOMTE.

Je prends un vif intérêt à cette affaire pour plusieurs raisons, et cela me détermine à faire un voyage en Allemagne.

FATUTTO.

Cette idée ne m'était pas venue. Vous interrogerez sur les lieux un tel, un tel. Vous saurez la conduite de la demoiselle, les sentimens du père, *et cætera* ; vous avez raison... Ma vous essuierez bien des importunités, vous entendrez des lamentationnes...

LE VICOMTE.

Je vais dire à mon frère que vous êtes ici.

SCÈNE X.

FATUTTO, PASQUIN.

PASQUIN.

Il est venu !

FATUTTO.

Vraiment!

PASQUIN.

Nous étions fort embarrassés.

FATUTTO.

Pas tant que moi, ze crois, dans l'entrevue que ze viens d'avoir. (*Sans avoir l'air de parler à Pasquin.*) Ze ne souis pas content de moi : il m'a pénétré.

PASQUIN.

Sans le maître-d'hôtel qui vint à mon secours, il forçait la consigne.

FATUTTO, *sans regarder Pasquin.*

Le Vicomte est diablement rouzé. Cet homme n'a rien oublié depuis vingt-cinq ans.

PASQUIN.

Écoutez donc, le jeune homme reviendra.

FATUTTO, *après un moment de silence.*

Heureusement z'ai pris mes mesures. La bombe devait éclater. Ainsi il y a trois zours que z'ai envoyé un exprès au marquis, et il sera demain à son château ; il dira que c'est de là qu'il a appris l'arrivée sourprenante du Vicomte, et il viendra aussitôt, vous pouvez y compter.

PASQUIN.

Ma foi, il n'y a que cela qui peut nous tirer d'affaire, alors notre homme verra qu'il n'y a plus rien à espérer. Je laissai faire Grandjean, qui lui dit avec politesse que Madame avait ordonné expressément de ne laisser entrer qui que ce pût être. Grandjean m'a dit qu'il reprit aussitôt un maintien calme, en cachant son dépit. Il dit froidement qu'il reviendrait demain.

FATUTTO.

Il fera son possible pour avoir oune explicationne avec le comte..

PASQUIN.

Croyez-moi, celui-ci a ouvert les yeux sur la liaison du jeune homme.

FATUTTO.

Ma le Vicomte, le Vicomte... Pourvu que la demoiselle tienne bon seulement jusqu'à l'arrivée du marquis, alors plus d'esplicationnes. Et puis le jeune homme est ardent... Je ne serais pas étonné qu'il fît un coup de sa tête.

PASQUIN.

On vient. (*Il sort.*)

FATUTTO.

Osservez Lisette. (*Fatutto reste, mais on baisse la toile.*)

FIN DU QUATRIÈME ACTE.

ACTE V.

SCÈNE PREMIÈRE.

ADOLPHE, *seul.*

J'ai donc pénétré, je suis entré comme un voleur. Eh bien ! on saura que j'ai escaladé le mur du jardin ; du moins je n'ai pas eu à dévorer l'affront d'être renvoyé par des valets sur la figure desquels j'aurai lu les intentions des maîtres.... Le sang me bouillonnait dans les veines, lorsqu'hier cet insolent me dit que Madame avait fait défendre sa porte, et qu'il me fit entendre qu'elle m'avait nommé. Toute la famille était rassemblée, elle était dans l'ivresse de la joie d'un événement auquel certes je dois prendre autant de part qu'aucun autre ; moi seul je fus exclus.... Toute la ville le savait ; je lisais dans les yeux de chaque personne que je rencontrais. L'un me saluait avec un air de compassion, l'autre détournait la tête.... N'est-il pas aussi mon oncle ? (*Il s'approche de la porte qui est à la droite du théâtre pour écouter.*)

Je n'eusse pas même soupçonné le prétendu motif de cet indigne traitement, si je n'avais pas rencontré Jacques...Mais pourquoi m'a-t-il quitté brusquement ?... Il aura vu qu'on le suivait. « Monsieur, mademoiselle Caroline sait que » vous avez fait en Allemagne une promesse de mariage à » une autre personne. » (*Il contrefait l'air mystérieux de Jacques.*) Quel est donc l'infâme qui a pu imaginer une pareille imposture ? Caroline aurait-elle aussi eu l'injustice de m'avoir cru capable d'une abomination, qui, de honte, me ferait rentrer sous terre ? Cependant mon tuteur avait reçu ma lettre, et il savait tout... Je n'ai pas dit un mot qui ne fût l'exacte vérité : point de réponse. Oui, oui, ils ne demandaient qu'un prétexte ; me voilà transformé en séducteur, en vil parjure... Je pénétrerai jusqu'à elle, je confondrai ces fourbes qui savent bien ce qui en est ; dussé-je après cela quitter... quitter pour jamais ce séjour d'affronts et de douleur. (*Il va du côté droit du théâtre, et ouvre doucement la porte.*) Je ne vois personne. Si je pouvais arriver jusqu'à la chambre de Lisette. (*Il oublie de refermer la porte.*) On lui aura caché ma lettre. (*Il va écouter à la porte opposée, et lorsqu'il avance de nouveau sur la scène, Caroline se montre à la droite du théâtre et regarde par la porte entr'ouverte.*)

SCÈNE II.

ADOLPHE, CAROLINE. (*Elle se tient cachée.*)

ADOLPHE, *avec calme.*

Oui, mon cœur avait senti le besoin d'aimer. Je cherchais dans la nature la compagne dont l'origine annonce assez qu'elle est destinée à embellir nos jours par cet accord parfait de sentimens qui fait le charme de la vie, et nous console, nous soutient dans l'adversité. Toute expansion de mon âme ne tendait que vers cet objet charmant, dans lequel il me semblait que je devais trouver le complément de mon être. O toi, cher objet de mon amour, tu m'étais encore inconnu; mais déjà mon imagination t'avait donné la réalité, et lorsque tu parus à mes yeux, je crus retrouver l'objet constant de mon culte, mais embelli et tel qu'il devait être. Et l'on s'étonnerait encore que je fusse resté insensible à toute autre séduction. (*Caroline montre combien elle est touchée.*) Cette personne avec laquelle le hasard m'avait fait contracter (*Caroline fait un mouvement qui annonce plus de curiosité*) une liaison, qui a peut-être fait le malheur de sa vie, n'était pas sans attraits, mais elle ne me reprochera rien. Que pouvais-je faire de plus, dès qu'elle m'eut ouvert son cœur, que de lui ôter tout espoir raisonnable ? Ah ! si le ciel ne m'avait pas ravi ma pauvre mère, à qui je n'ai jamais caché une seule pensée, elle me rendrait témoignage. (*Il tombe dans une profonde rêverie.*) Elle m'a laissé sans appui et sans consolation ; je le sens aujourd'hui plus que jamais... Si je ne puis vaincre cette opposition injuste, dénaturée, la terre ne sera plus pour moi qu'un séjour de douleur, de désespoir, d'horreur... mais du moins je ne traînerai pas long-temps ma misérable existence..... (*Caroline tourne la tête, parce qu'elle croit entendre du bruit.*) Si Caroline refusait de m'entendre, c'est alors que je scellerais de mon sang ma parole... Je mourrais à ses pieds. (*Caroline veut se précipiter sur la scène, lorsqu'au même instant sa mère la retire avec violence et pousse la porte.*) J'entends du bruit. (*Il va écouter à la porte, ensuite à la porte opposée.*) Je ne vois rien. On dirait que tout le monde me fuit comme un pestiféré.

SCÈNE III.

GRANDJEAN, *Maître-d'hôtel,* ET LE PRÉCÉDENT.

GRANDJEAN.

Vous êtes ici, monsieur Saint-Preux ?

ADOLPHE.

Je désirerais de parler à mon oncle.

GRANDJEAN.

Vous ne savez donc pas que monsieur le Comte et madame la Comtesse sont allés à leur campagne de Normandie?

ADOLPHE.

Que dites-vous ? hier il n'était question de rien.

GRANDJEAN.

Le voyage a été résolu hier au soir. (*Adolphe est atterré.*) Du moins Monsieur n'en avait rien dit à personne. Je dois suivre demain avec le reste de la maison. Je ne sais où donner de la tête.

ADOLPHE.

Qui était dans la voiture ?

GRANDJEAN.

Monsieur, Madame, mademoiselle Caroline.

ADOLPHE.

Et mon oncle Charles ?

GRANDJEAN.

Il était avec la Comtesse. Son valet-de-chambre suivait avec Lisette. (*Adolphe reste absorbé dans ses réflexions.*) Si du moins on m'avait prévenu de quelques jours ? Les maîtres ne doutent jamais de rien. On dit que le voyage durera quatre mois. Avez-vous, Monsieur, quelque commission à me donner ?

ADOLPHE.

Attendez un moment.

GRANDJEAN.

Voilà quinze jours qu'il pleut, les chemins sont détestables.

ADOLPHE, *se promène haut et bas.*

J'écrirai.

GRANDJEAN.

J'aurai bien soin de votre lettre.

ADOLPHE.

Voulez-vous bien me laisser un moment?

GRANDJEAN.

Voilà du papier et de l'encre. J'irai faire ma besogne, je ne sais vraiment pas comment je finirai. Si j'avais eu un jour seulement.

ADOLPHE.

Laissez-moi, je vous en prie. (*Grandjean se retire, mais regarde encore par la porte entr'ouverte.*)

SCÈNE IV.

ADOLPHE, *seul.*

(*Adolphe s'assied, prend du papier et écrit.*)

Cruelle, vous avez donc pu abandonner, livrer au désespoir, immoler celui qui eût donné mille vies pour sauver la vôtre. Quoi ! vous aussi vous auriez été sans pitié?... Ah ! sans doute ils n'ont pas voulu que Caroline versât quelque consolation dans le cœur de leur malheureuse victime... Cela ne m'étonne pas ; mais Caroline ! Ah ! s'il est une loi qui ordonne qu'une fille obéisse à des parens injustes, fallait-il qu'elle se rendît complice de leur barbarie, d'un forfait ?.. Tu savais que ton malheureux ami ne supporterait pas le coup qui devait le frapper... C'est toi, non pas eux ; oui, c'est toi qui me donnes la mort...Que fais-je ? Ah ! j'abjure cet injuste soupçon, pardonne à mon désespoir. (*Il déchire la lettre.*) Ils t'ont arraché la plume de la main; ils ont brûlé ta lettre, et ils en ont dispersé la cendre. (*Il se lève et se calme.*) Je trouverai, j'espère, quelqu'être compatissant qui respectera la dernière volonté d'un malheureux, et tu sauras qu'Adolphe ne t'a pas maudite à sa dernière heure... Quand tu apprendras que ton amant n'a pas cessé d'être digne de toi, tu le plaindras, oui, tu le plaindras, et que ne puis-je adoucir l'amertume de ta douleur !... Chère amie, supporte le fardeau de la vie, dans l'espoir que nous nous rejoindrons dans un meilleur monde, pour ne plus nous séparer : la pauvre enfant ! hélas! l'image de son malheureux cousin ne la quittera plus. (*Avec attendrissement.*) Non, je ne suis pas le plus à plaindre, je remercie le ciel de m'avoir fait connaître ma Caroline, de m'avoir donné un cœur digne d'elle... Ah ! voudrais-je avoir vécu et ne pas avoir aimé Caroline !... Plein de ces sentimens, je passerai de ce séjour de regrets où le moment désiré est celui qui s'échappe le premier ; je passerai dans cette demeure où mon amour sera désormais hors d'atteinte. (*Avec un profond recueillement.*) L'être qui, seul en moi, a la conscience de son existence, cet être, c'est bien moi ; c'est bien en lui que vit ce pur amour qui ne doit cesser jamais... cet être, dépouillé de son enveloppe inerte, ne change plus ; ainsi donc mon amour sera éternel. (*Il se lève.*) Non, je n'hésite plus... (*Il mar-

che avec une vive agitation, mais se calme de nouveau.) Quel charme invincible m'attache encore à ces lieux? ici, ma chère Caroline me tendit hier la main. Moment délicieux... hélas! où est-il? (*En marchant il se trouve devant la fenêtre qui donne sur le parc.*) C'est là qu'elle folâtrait. Elle animait, elle charmait tout ce qui l'entourait.... C'est dans ce bosquet que je l'ai vue livrée à de douces rêveries auxquelles je croyais ne pas être étranger. Quelquefois elle paraissait affligée; c'était quand une mère injuste avait maltraité celui qui ne respirait que pour elle; je la suivais des yeux... la voilà... oui, je la vois, elle lève les yeux vers le ciel, elle précipite ses pas... attends, attends. (*Il tend les bras au dehors de la croisée.*) Viens donc... où est-elle? (*Il jette les regards de tous côtés.*) Je ne vois plus rien. (*Il se laisse tomber dans un fauteuil, et reste long-temps dans un anéantissement total; en se réveillant il regarde autour de lui.*) Mes sens sont troublés. (*Il se lève brusquement, et c'est dans cet instant que Grandjean entr'ouvre la porte et la referme aussitôt.*) Sortons de ces lieux. (*Il s'arrête un moment.*) Dieu de miséricorde, pardonne à ma misère. (*Il sort.*)

SCÈNE V.

CAROLINE, LISETTE.

CAROLINE, *à Lisette.*

Informe-toi si quelqu'un a vu sortir le malheureux. Jacques pourrait aller voir s'il est chez lui, en prétextant quelque commission.

LISETTE.

Laissez-moi faire.

CAROLINE.

Il m'a paru, Lisette, que ma mère s'était beaucoup radoucie ; cependant je n'osais la quitter pour ne pas lui donner des soupçons. Elle était pensive, je travaillais sans dire un mot et n'osant lever les yeux ; mais je m'apercevais qu'elle me regardait souvent. Va voir, tu reviendras dès que Jacques sera parti. (*Lisette sort.*)

SCÈNE VI.

CAROLINE, *seule.*

Moi aussi j'ai donc été injuste... J'expierai ce tort, mon ami, et ma vie ne sera pas trop longue pour cela ; toi seul, tu as des droits sur mon cœur ; il est à toi pour jamais. Quel serait l'homme assez lâche pour vouloir d'une femme dont le cœur est tout entier à un autre? Oui, j'aurai le courage de résister aux persécutions, je souffrirai tout pour toi ; je sens à présent qu'il est des maux que la mort seule peut guérir... (*Caroline dit ce qui suit en marchant.*) J'irai me jeter aux pieds de mon père... Ah ! ma mère, vous avez toujours été si bonne pour moi... Elle se laissera fléchir... Comment faire pour instruire promptement le malheureux de ma fatale erreur. Il croira que je n'ai pas voulu l'entendre. Que doit-il penser de moi ?

SCÈNE VII.

GRANDJEAN ET LA PRÉCÉDENTE.

(*Le premier voyant Caroline veut se retirer.*)

CAROLINE.

Venez donc, que cherchez-vous ?

GRANDJEAN.

Je croyais que madame la Comtesse était ici.

CAROLINE.

Qu'est-ce qu'il y a ?

GRANDJEAN.

Il faut que je lui dise que tout a réussi à merveille.

CAROLINE.

Qu'est-ce qui a réussi ?

GRANDJEAN.

Il ne se doute de rien. Quand je lui ai dit que toute la famille était parti ce matin, il ne voulait d'abord pas le croire.

CAROLINE.

Qui ? mon cousin... vous lui avez dit...

GRANDJEAN, *embarrassé.*

Mais madame la Comtesse m'avait ordonné d'aller lui dire que vous étiez tous partis pour la terre de Normandie... cela lui faisait de la peine, c'est vrai.

CAROLINE.

Ah ! ma mère, qu'avez-vous fait ?

GRANDJEAN, *plus embarrassé.*

Il avait parlé de remettre une lettre.

CAROLINE.

Donnez-la... donnez-la.

GRANDJEAN.

Quand je suis rentré, il a dit...

CAROLINE.

Eh bien !

GRANDJEAN.

Il n'a plus rien dit. Il est sorti avec précipitation.

CAROLINE, *saisie.*

Je l'avais prévu.

GRANDJEAN.

Mais, Mademoiselle, un moment après il était tranquille, il était tranquille. (*Caroline égarée veut sortir, et dans ce moment entre sa mère.*)

SCÈNE VIII.

LA COMTESSE, CAROLINE.

CAROLINE. (*Elle se jette aux pieds de sa mère.*)

Sauvez-le! je vous fais serment que je ne serai jamais à lui : sauvez-le!

LA COMTESSE.

Qu'est-ce qui est arrivé ?

CAROLINE.

Il croit que j'étais instruite de tout, ayez compassion de lui.

LA COMTESSE.

Vous voyez que ce jeune homme aurait fait votre malheur.

CAROLINE.

Il a dit qu'il se tuera.

LA COMTESSE.

Si tous ceux qui ont tenu de pareils propos étaient morts....

CAROLINE, *avec fermeté.*

Je vous fais serment que je ne prononcerai plus son nom devant vous. Adolphe ne sera pas mon époux, que veut-on de plus ? Mais mon cœur l'absout, et que ne puis-je m'en dire autant à moi-même.

LA COMTESSE.

Comment, tu ne crois pas?

CAROLINE, *levant les mains au ciel.*

Bientôt Caroline ira t'apprendre que du moins elle est innocente de ton malheur. C'est mon seul désir, ma seule consolation. (*Ses jambes semblent faiblir, et elle s'assied doucement sur une chaise.*) Ah! ma mère, que ne puis-je dérober à vos yeux un spectacle qui vous déplaît. Repoussée, délaissée par tous ceux qui me sont chers, qu'ai-je à regretter dans ce monde? (*La Comtesse s'attendrit et s'approche d'elle, Caroline est accablée de douleur.*) Je ne suis donc plus votre fille?

LA COMTESSE.

Sois tranquille. (*Elle embrasse Caroline; celle-ci lui baise la main.*)

CAROLINE.

Ne me haïssez pas.

SCÈNE IX.

LE VICOMTE ET LES PRÉCÉDENS.

CAROLINE.

(*De nouveau frappée de ses sinistres idées.*)

Où est-il?

LE VICOMTE.

Ma chère Caroline, ayez patience... Il a dit dans son logement qu'il allait faire un voyage qui ne serait pas bien long.

CAROLINE.

Eh! mon Dieu, il était bien préparé pour un voyage.

LE VICOMTE.

(Il met la main dans sa poche pour retirer une lettre, puis se ravise, et fait semblant de ne pas la trouver.)

Il dit qu'il écrira au premier jour.

CAROLINE.

Vous aussi, mon parrain, vous voulez me tromper. Sauvez un malheureux, je vous en conjure... C'est peut-être déjà trop tard. Sa résolution était prise. (*Elle est saisie de frayeur.*) C'en est fait, je le vois... (*D'une voix affaiblie.*) Il est mort ! (*Elle s'évanouit, sa mère lui donne des secours.*)

LE VICOMTE, *tout bas.*

Il a tout payé dans son logement, disant qu'il allait faire un voyage en Amérique... Mais on l'a vu sur la route de Lorient. Il a laissé cette lettre, adressée à mon frère, qu'on vient de me remettre.

LA COMTESSE.

Lisez-la ; mon mari est monté à cheval ; il ne reviendra peut-être que dans quelques heures.

LE VICOMTE. (*Il parcourt la lettre.*)

Il n'est que trop vrai, ne perdons pas un moment, il faut envoyer partout. (*Il lit à voix basse.*) « Je dérobe un » spectacle funeste aux yeux de cet ange du ciel que vous » avez condamné à d'éternelles douleurs. En vain vous » aurez fui, partout l'image de son infortuné cousin.... » Épargnez-vous la peine de faire suivre mes pas. »

LA COMTESSE.

Ah ! ma fille ! ce jeune homme avait perdu la tête ; il se sera jeté à la mer.

LE VICOMTE.

Non, non; persuadé qu'on enverra sur la route de Brest, il ne se sera pas pressé de quitter celle de Lorient.

SCÈNE X.

EDMOND ET LES PRÉCÉDENS.

EDMOND.

Qu'est-ce donc?

LE VICOMTE.

(*En lui remettant la lettre, il lui fait signe et montre sa sœur.*)

Dieu sait ce qu'est devenu ce pauvre jeune homme! vous savez qu'il a dit qu'il irait en Amérique, mais on l'a vu sur la route de Lorient. Il faut prendre des informations sur toutes celles qui conduisent à la mer; le danger est imminent.

EDMOND, *avec calme.*

Ne perdons pas la tête.

LE VICOMTE.

Faites seller un cheval, et donnez des ordres pour que je puisse aller de mon côté.

EDMOND.

Oui, nous ferons du moins ce qu'il faut faire.

CAROLINE.

(*Elle revient à elle, regarde sa mère, puis Edmond, qui lui serre la main.*)

EDMOND.

Ne t'alarmes pas, ma chère Caroline; mon cousin n'est

pas encore bien loin. Laissez-nous faire. (*Caroline sourit, il sort.*)

CAROLINE.

Ah ! ma mère, que de peines je vous cause.

LE VICOMTE.

Puisque votre frère vous a fait deviner le secret, je vous dirai que mon neveu a écrit qu'il partait pour l'Amérique. Hé bien ! il va à Brest, il lui faut deux jours, et on l'aura bientôt rejoint.

CAROLINE, *vivement.*

Il vous trompe.

LE VICOMTE.

Pourquoi ?

CAROLINE, *sans répondre.*

Dieu veuille qu'il puisse jouir du bonheur de voir l'intérêt qu'il inspire à tous ses parens. J'ai été innocemment la première cause de son malheur : hélas ! que pouvais-je faire ?... Mon cher oncle, vous êtes notre ange tutélaire.

LE VICOMTE.

Je voudrais vous voir tous heureux.

CAROLINE.

Permettez, ma mère, que je me retire un moment. (*Elle veut se lever.*) La frayeur dont j'ai été saisie m'a tellement affaiblie que je ne puis me tenir sur mes jambes.

LA COMTESSE *sonne.*

Tu feras bien de prendre un peu de repos. (*Caroline, sans répondre, lève les yeux au ciel.*)

SCÈNE XI.

LISETTE ET LES PRÉCÉDENS.

LA COMTESSE. (*Elle sonne Lisette.*)

Ma fille ira se coucher pendant quelques heures.

LISETTE.

Je vais la conduire dans son appartement.

(*Caroline, absorbée dans ses réflexions, s'arrête un moment.*)

LA COMTESSE.

Ton frère l'aura bientôt rejoint.

CAROLINE.

(*Elle remarque que la Comtesse cherche à cacher ses pleurs.*)

Oh! je suis tranquille à présent... Vous, ma chère mère, vous êtes aussi bien fatiguée; vous devriez aller vous reposer. Oui, oui, nous aurons bientôt de bonnes nouvelles.

LA COMTESSE.

Va, ma fille, j'attendrai mon mari; il ne peut plus tarder. (*Caroline sort, on la suit des yeux.*)

LE VICOMTE.

La voiture sera prête. (*Il se dispose à sortir.*)

LA COMTESSE, *seule.*

L'absence de mon mari me désole.

SCÈNE XII.

LE COMTE et les Précédens.

LE COMTE.

Franchimont a pris notre voiture. Il est parti. Tu ne connais personne dans le pays; il faut prendre des informations de droite et de gauche. (*La Comtesse s'assied.*) Franchimont n'est pas moins actif qu'il est prudent. J'ai aussi fait partir Grandjean. Mais, où est ma fille?

LA COMTESSE.

Elle s'est couchée.

LE COMTE.

Tant mieux.

LE VICOMTE.

J'ai un pressentiment qu'Edmond le rejoindra. Si vous aviez vu ce jeune homme; la plus profonde douleur se peignit sur sa figure; mais au même instant il a pris une contenance qui m'étonna : il m'a convaincu plus que jamais que pour connaître un jeune homme, il faut qu'il ait été mis à l'épreuve. Je l'avais observé avec attention, et j'avais remarqué en lui des inconséquences; mais je vous réponds, mon frère, qu'Edmond vous donnera de la satisfaction. De mon temps, on était souvent surpris de voir nos jeunes merveilleux, affublés des travers du jour, montrer dans l'occasion qu'ils étaient des hommes; il en sera autant de vos petits docteurs, de vos jeunes Solons.

LE COMTE, *tirant sa montre.*

Nous ne pouvons avoir de nouvelles que dans deux ou trois heures d'ici, pour peu qu'Edmond ait été obligé de prendre des informations; à moins qu'Adolphe ne se soit arrêté dans quelqu'endroit... Il a pu en effet concevoir différens projets. Quoiqu'il marchât lentement, et avec une apparence de calme, l'on remarquait qu'il était dans une grande agitation. (*Le Comte réfléchit.*) Il serait possible encore que ni l'un ni l'autre ne l'amenât dans le moment; mais enfin on est convenu que celui qui apprendra où il est, nous enverra aussitôt un homme à cheval.

LE VICOMTE.

Je suis au désespoir de n'avoir pas fait venir tout de suite ce jeune homme. Je ne connaissais pas l'exaltation de cette tête. Espérons pour le mieux, mais je suis dans de vives inquiétudes.

LA COMTESSE.

Ah! mon frère, je ne croyais pas vous préparer une semblable réception!

LE VICOMTE.

La Providence, dont les voies sont impénétrables, n'a pas voulu peut-être que mon retour fût sans fruit pour ceux que je porte dans mon cœur.

LA COMTESSE, *au Vicomte.*

Votre retour miraculeux suffirait pour qu'on y reconnût la main d'en haut.

LE VICOMTE.

Quel sera mon bonheur, lorsque j'aurai vu cesser ces malheureuses querelles, lorsqu'on aura perdu enfin le souvenir de ces animosités si funestes, et je dirai, car j'en ai vu la preuve, si ridicules pour des sujets, du moins problématiques, puisque des gens, d'ailleurs sensés, ont sur la plupart des opinions opposées, qu'ils appellent des convictions. Du moins vivons en paix entre nous. N'est-ce pas déjà assez que des millions d'hommes, enfans de la même patrie, se haïssent, se persécutent pour assurer, à ce qu'ils disent, la félicité de cette patrie, dont les dangers, la ruine ne les inquiètent plus dès qu'ils voyent l'espoir d'écraser leurs ennemis. N'est-il pas douloureux, n'êtes-vous pas effrayés de voir qu'un laps de temps de vingt-cinq années, pendant lesquelles toutes les existences ont été compromises, ou ont été en danger de l'être, n'ait pas suffi pour ramener parmi nous des sentimens plus modérés?

LE COMTE.

S'il n'avait tenu qu'aux hommes raisonnables, la paix serait faite depuis long-temps.

LE VICOMTE.

Mon cher frère, tous ces gens raisonnables trouvent sans doute très commode de rejeter leurs torts sur d'autres: voilà l'homme! Quoi qu'il en soit, il est bien malheureux celui-là qui croit ne voir autour de lui que des êtres dont il s'est fait l'ennemi. Sachons, pour notre propre bonheur, supporter quelques faiblesses de nos semblables.

LA COMTESSE.

(*Ella a eu l'air jusqu'ici de prendre peu de part à la conversation.*)

Je veux aller voir si Caroline repose.

LE COMTE.

Elle doit à l'épuisement de ses forces le repos dont elle jouit. N'allez pas troubler son sommeil. Elle se réveillera heureuse, et j'espère pour toujours. (*La Comtesse se rassied.*)

LE VICOMTE. (*Il tend la main à son frère.*)

J'en accepte l'augure, du moins nous ne compterons plus de victimes parmi les nôtres; et si, ce dont le ciel veuille nous préserver, des malheurs publics devaient encore attrister nos cœurs, nous trouverions au moins des consolations dans le sein de notre famille. Le ciel veut qu'il n'y ait que le méchant qui en soit privé, et que, dans sa détresse, il sente que tous les cœurs le repoussent.

LA COMTESSE.

Que de raison il y a, mon frère, dans ce que vous dites. Dans ces temps affreux, dont le souvenir fait encore frémir, l'intérieur de nos familles présentait le spectacle le plus touchant. Un malheur commun, car le même sort nous attendait tous, resserrait les doux liens de la nature.

LE COMTE.

Il en fut de même dans ces familles respectables de différentes conditions, où toutes les affections qui consolent les cœurs honnêtes, trouvèrent aussi un refuge assuré. Il est à remarquer encore que, jusqu'au petit nombre de domestiques qui s'étaient voués, et non pas sans danger, à notre service, se montrèrent constamment dignes de notre confiance. On peut dire que, dans cet horrible déchaînement du crime, de passions atroces et de tous les vices, s'offrit souvent l'exemple des plus rares vertus.

LE VICOMTE.

L'aspect hideux du crime levant le masque dont il est forcé de se couvrir dans les temps ordinaires, a dû effrayer ceux-là même que l'erreur d'un moment et de funestes illusions avaient pu séduire.

LA COMTESSE.

Du moins, pour ce qui nous regardait, isolés dans nos familles, nous nous crûmes séparés du monde entier. Je ne puis me rappeler sans attendrissement combien, dans nos malheurs, notre tendre union nous a donné de consolations. Il semblait que pour les victimes dévouées sur lesquelles déjà la hache des tyrans était levée, le malheur n'eût commencé qu'au moment où on les avait arrachées des bras des objets de leur affection. Ah! ne réveillons pas de trop funestes souvenirs. N'avons-nous pas assez de nos maux présens ?

LE VICOMTE.

Ma bonne sœur, si je me suis reporté au milieu de vous avec le plus vif intérêt; si j'ai partagé vos peines, le tableau touchant de cette tendre union des familles a rempli, au même temps, mon cœur des plus douces espérances. Rassurez-vous, dans quelques heures d'ici les peines que nous ressentons n'existeront plus aussi que dans le souvenir... Espérons que l'épreuve que nous venons de subir ne s'effacera jamais de notre mémoire. Malheureusement nous oublions trop vite. (*Le Vicomte se retire un peu dans le fond du théâtre, lorsque tout-à-coup on fait silence, parce qu'on entend une personne qui marche avec peine. La Comtesse se lève.*)

SCÈNE XIII.

CAROLINE ET LES PRÉCÉDENS.

CAROLINE.

J'ai cru, ma chère mère, que vous étiez seule. J'ai voulu voir si vous n'aviez besoin de rien.

LA COMTESSE.

Tu n'as donc pas dormi ?

CAROLINE.

(*Effrayée de voir le Vicomte.*)

Quoi! vous êtes de retour?

LE VICOMTE.

Ton oncle Franchimont a voulu aller à ma place. Je ne connais personne.

LE COMTE.

Ma chère Caroline, nous n'avons rien négligé; tout va bien, ayons patience.

(*Caroline examine les figures l'une après l'autre. On entend des personnes qui accourent.*)

SCÈNE XIV.

EDMOND, ADOLPHE, LES PRÉCÉDENS.

EDMOND.

Le voilà !

(*Caroline jette un regard sur Adolphe, et se cache dans le sein de sa mère.*)

ADOLPHE.

(*Tout en observant Caroline.*)

Mon respectable tuteur, je ne suis pas coupable.

EDMOND.

Je suis son répondant : il m'a tout raconté ; j'avoue, pour ma part, qu'en pareille occasion j'aurais été plus coupable.

ADOLPHE.

(*Il se jette aux pieds de la Comtesse.*)

Vous avez donc voulu que je vive.

LA COMTESSE.

Vous dites que vous n'êtes pas coupable (*Adolphe s'effraie*), et vous nous avez fait presque tous mourir d'inquiétude.

CAROLINE.

Oui, ma mère, il ne faut jamais lui pardonner.

(*Adolphe, en paraissant en demander la permission à la Comtesse, s'approche de Caroline, et lui baise la main.*)

LE VICOMTE.

J'ai aussi à présent mon petit mot à dire. Je donne à ma filleule, pour présent de noces, deux cent mille francs, et à mon neveu j'en donne autant ; mais c'est à condition que les deux capitaux seront joints ensemble, afin que je sois entouré promptement d'une petite famille de petits neveux, ce qui est un besoin pressant de mon cœur... Je lis dans les yeux de ma belle-sœur qu'elle approuve mon arrangement.

ADOLPHE.

Mon cher oncle, donnez tout à votre filleule; ma fortune, quoique bornée, me suffit.

LE VICOMTE.

Pourvu que tu sois mis en possession du tout. (*Au Comte.*) Ah! ça, mon ancien camarade d'enfance, explique-toi.

LE COMTE.

(*Il prend la main de Caroline, et la met dans celle d'Adolphe.*)

Croissez et multipliez.

SCÈNE XV ET DERNIÈRE.

FATUTTO ET LES PRÉCÉDENS.

FATUTTO.

(*Tout effaré et s'essuyant le front.*)

(*Au Vicomte.*) Ze suis arrivé dix minutes après que vous étiez parti avec Mosseu votre cousin; mais ze vous cède de bon cœur l'avantaze de l'avoir ramené au sein de sa sère famille.

EDMOND *éclate de rire.*

Vous avez donc fendu l'air? car l'un de nous aurait dû vous rencontrer.

FATUTTO.

Ah! mon Dieu, ze me suis égaré dans le bois. Quand ze suis arrivé, toute la ville était en roumeur, on se rézouissait.

LE COMTE.

Vous voyez, Monsieur, que vous auriez pu vous épargner la peine du voyage.

LE VICOMTE.

J'ai pris des mesures pour avoir des informations sur tout ce qui s'est passé.

FATUTTO.

C'est mon affaire; ma dans cet houroux moment, je n'en dirai pas davantage. Ils seront confondus ces imposteurs! Madame la Comtesse sait que je me souis touzours méfié de ces hommes.

LA COMTESSE.

Oui, Monsieur, je sais à quoi m'en tenir.

(*Fatutto ne se déconcerte pas; il fait de petites agaceries à tout le monde. Jacques, pendant la conversation, tire à plusieurs reprises Lisette par la manche, pour l'engager à parler.*)

CAROLINE.

Réponds donc à Jacques.

LE COMTE.

Aujourd'hui il faut que tout le monde soit heureux.

LISETTE.

J'attends les ordres de Madame la Comtesse.

LA COMTESSE.

Je n'oublierai pas le présent de noces. (*Lisette baise sa robe.*)

JACQUES.

Eh bien, Mademoiselle Lisette, parlez à présent.

LE COMTE.

Allons, point de façons.

LISETTE.

J'épouse; mais c'est à condition qu'on ne raisonnera jamais, qu'on ne sera pas jaloux, qu'on fera tout ce que je veux, et à condition qu'on croie tout ce que je dis.

EDMOND.

Prends garde à toi. Dans ce contrat il y a lésion d'outre moitié.

(*Quand les acteurs font la révérence, Fatutto salue le parterre avec son air caressant.*)

FIN.

www.ingramcontent.com/pod-product-compliance
Ingram Content Group UK Ltd.
Pitfield, Milton Keynes, MK11 3LW, UK
UKHW012038240726
13965UKWH00003B/869